目指せ！英語授業の達人 35

英語で行う英語授業のルール＆活動アイデア

生徒をアクティブ・ラーナーにする！

胡子 美由紀 著

Sure!

Shall we share our ideas?

明治図書

序文
―新しい時代の英語教育に挑む：活動型の英語授業

　グローバル化の進行と共に英語教育に求められる役割は変化してきました。

　かつては，産業革命に出遅れた日本が，西洋の進んだ技術を学び取る為に，文献を研究，精密に翻訳することが英語教育に強く求められました。そのことによって，日本では世界の進んだ学問が翻訳書によって学習できるようになり，英語教育は日本の発展に大きく寄与できたのだろうと思います。

　現在は，インターネット技術の進展により，情報のやり取りの速度がかつてないほどに速くなっています。学問の世界でも，ビジネスの世界でも，英語のまま，情報を処理し，素早く情報を発信する力が求められるようになっています。また，IT技術・映像技術の進化により，文字の役割同様に，オーラル・プレゼンテーションの果たす役割が大きくなっています。このように世界が変化する中，英語教育の在り方も変化しようとしています。

　かつての時代の要請に応える為には，英語の授業は，知識伝達型のものが中心となりました。しかしながら，現在の要求に応えるためには，活動型の英語授業を積極的に取り入れていく必要があるでしょう。英語を読み，聞き，考え，それに基づいて自分の意見を論理的に話したり，書いたりする。そのような英語力を身につける為には，講義をただ聞いているだけでは不十分です。言語としての英語を実際に使う訓練をすることが不可欠です。

　本書を執筆された胡子美由紀先生は，中学校における，そのような活動型授業の先駆者です。本書では，英語で行う活動型の英語授業への移行の具体的な方法を余すところなく，そして惜しみなくシェアしていただいています。現場の先生方にとっての最高の知恵袋になることは間違いないと思います。

　戦後最大とも言われる，この英語教育の改革期を乗り切るには，官民を問わず，英語を教える人たちの惜しみない協力が必要だろうと思います。本書から，そのようなPay it forward.のムーブメントが広がっていくことを大いに期待しております。

2016年10月

財団法人実用英語推進機構　代表理事
安河内哲也

まえがき

「先生が英語の授業を英語ですることは当たり前ではないの？」

「英語の授業は英語で」のニュースを見た当時の勤務校の生徒から質問されたことがあった。彼らには自分達が英語を使い英語で進める私の授業が「英語の授業」だったからである。

「英語で授業」ということばから皆さんがイメージすることは何だろうか？ 文部科学省（2003）は，『「英語が使える日本人」の育成のための行動計画』において英語教育政策の戦略構想を示した。これには，経団連が2000年に「グローバル化時代の人材育成について」という意見書を発表したことが大きく関わっている。意見書では，経団連は産業競争力の観点から「英語力の不足」を憂い，特に英会話力，実用的な英語力の強化を求めていた。特に英語等のコミュニケーション能力の強化，英会話を重視した英語教育に一層の力を入れることや，生徒が生きた英語に直接触れる機会を増やし，英語によるディベート，英語劇，外国人との交流など，授業に創意工夫を凝らす必要性を訴えていた。十年後の2013年，再び文部科学省より国際的に活躍できる人材の育成を目指し，「グローバル化に対応した英語教育改革実施計画」が発表された。その中で高等学校に続き中学校の英語授業も原則として英語で行う方針が打ち出されたのだ。高等学校で「授業は英語で行うことを基本とする」により，議論が巻き起こったのは記憶に新しい。「コミュニケーション重視」と「文法・読解指導重視」とを対立的に捉え，教師ばかりがひたすら英語を話し，説明や解説中心の教師主導型で生徒は受け身の授業になりかねないという危惧もあった。この方針に関して，私は，文法はコミュニケーションを支えるものという視点のもと，従来の文法訳読式授業に警鐘を鳴らし，より一層生徒にオーセンティックな英語に触れさせ，英語を通して外国のことを学んだり自分の世界観を広げたりする機会を保障することと捉えた。要は，教師は英語で授業を行うのであるが，中核に据えるのは生徒が授業の中で英語に触れ英語を使用し言語活動を行う機会を増やすことだ。そのために，英語を英語のまま理解したり表現したりできるようになる指導を行うことも必要だ。授業の主役は生徒である。いかに生徒が英語を使い，英語を通し学びを深めているかに注目したい。生徒がイキイキとアクティブに英語を使い，活動をしたり考えたりする状態こそが目指す「英語で授業」である。生徒の身体・頭・心が動いている状態。アクティブ・ラーニングと言ってもよいだろう。

中学校では，2020年の新学習指導要領で実施となるが，「英語で授業」を行うことへの戸惑いがある先生方は少なくないだろう。では，英語による授業を具現化するには何が必要だろうか？ またどういうプロセスを踏めば，生徒がアクティブ・ラーナーになる授業が可能になるのだろうか。公立中学校でもできる「英語で授業」を私の実践をもとにご紹介していきたい。

2016年10月

胡子美由紀

CONTENTS

序文－新しい時代の英語教育に挑む：活動型の英語授業　安河内哲也　002
まえがき　003

Chapter 1

生徒がどんどん英語を話す環境づくりのルール&Tips

1	「英語で授業」＝「生徒が主役になる授業」と考える	…007…
2	TTT＜STTを意識する	…008…
3	生徒を理解する	…009…
4	温かく支え合う学習集団をつくる	…010…
5	妥協せず粘り強く，限界をつくらないようにする	…012…
6	分かったフリをすることを教える	…014…
7	どんどん間違えて学ぶ力をつける	…016…
8	やる気スイッチでモチベーションをアップする	…017…
9	Active Classroom Englishを増やす①	…018…
10	Active Classroom Englishを増やす②	…020…
11	メタ認知力をつける	…022…
12	ユニバーサルデザインの授業を考える	…023…

Chapter 2

「英語で授業」が必ず成功する授業づくりのルール&Tips

1	ゴールとよいモデルを提示する	…024…
2	バックワードデザインで授業を考える	…025…
3	単語・表現を多用して大量のアウトプット活動をする	…027…
4	「何だろう？」アンテナをアクティブにする場面を設定する	…030…
5	変化のある繰り返しでトレーニングする	…032…
6	思考を活性化する探究的な学習課題を設定する	…034…
7	英語の使用場面と使用機会を増やす	…036…
8	English onlyを徹底する	…039…

☆	9	英語の基礎体力を鍛える	…040…
☆	10	Active Listening 力をつける	…042…
☆	11	協同学習の場面を取り入れる	…044…
☆	12	協同学習で自律的学習者を育てる	…045…
☆	13	帯活動でルーティン化する	…049…
☆	14	技能統合型言語活動を取り入れる	…052…

Chapter 3

生徒をしっかりサポートする教材づくりのルール & Tips

☆	1	Classroom English List で英語での理解を促す	…053…
☆	2	場面別の表現リストをつくる	…055…

No.1 Useful Expressions 〜 Greetings 〜
No.2 Useful Expressions 〜 Compliment 1 〜
No.3 Useful Expressions 〜 Compliment 2 & Encouragement 〜
No.4 Useful Expressions 〜 Comment for Speech 〜
No.5 Useful Expressions 〜 Directions 1 〜
No.6 Useful Expressions 〜 Directions 2 〜
No.7 Useful Expressions 〜 Comment for Motivation and Encouragement 〜
No.8 Useful Expressions 〜 Expressions for Confirmation 〜
No.9 Useful Expressions 〜 Expressions for Today's Goal 〜
No.10 Useful Expressions 〜 Fun Phrase 〜
No.11 Useful Expressions
　　　〜 Expressions from 他己紹介（Introduction of someone else）Speech 〜
No.12 Useful Expressions 〜 Expressions for Review 〜
No.13 Useful Expressions 〜 Expressions for Talking Battle 1 〜
No.14 Useful Expressions 〜 Expressions for Talking Battle 2 〜
No.15 Useful Expressions 〜 Expressions for Quiz Hint 〜
No.16 Useful Expressions 〜 Expressions for Retelling and Review 〜

Chapter 4

生徒が熱中する！英語で行う言語活動アイデア25

1 Number Counting! ···073···
2 Hot Potato! ···074···
3 Quick Q&A ···075···
4 Guessing What ···077···
5 Find Odd One ···079···
6 Hint Quiz Version 1 ···081···
7 Hint Quiz Version 2 ···083···
8 Guessing Game ···084···
9 Today's Teacher(Student Teacher) ···086···
10 Relay Writing ···087···
11 2-Minute Writing ···089···
12 Dictogloss(Listening Version) ···091···
13 4 Corners(Reading) ···093···
14 Pair Chat ···095···
15 Reporting Chat ···097···
16 Prepared Speech ···098···
17 Prepared Speech in Group ···100···
18 Project Work ···101···
19 Story Retelling ···102···
20 Picture Describing(in pairs or groups) ···104···
21 Picture Describing(in class) ···106···
22 Skit ···108···
23 Impromptu Speech(One Minute Monologue) ···110···
24 Group Discussion ···114···
25 Debate(Talking Battle) ···117···

Chapter 1
生徒がどんどん英語を話す環境づくりのルール &Tips

1 「英語で授業」=「生徒が主役になる授業」と考える

★生徒の脳みそに汗をかかせる
★**Comortable pressure**
★ユニバーサルデザイン

6つのTipsと8つのこだわりのPoints

「英語で授業」と言われて思い浮かぶのは「生徒が英語を使う授業(生徒が主役になる授業)」である。大切なのは,いかに生徒主体で授業を考えるか,いかにたくさん生徒に英語を使わせるように仕掛けていくかである。授業デザインで私がケアしている6つのTipsと一貫してこだわっている8つのPointsがある。

Tips	①生徒が自分の伝えたい内容(メッセージ)をもっていること
	②生徒が頭と心を使いよく考えること
	③生徒同士が伝え合う場面があること
	④生徒が英語を発話できる発音を身につけていること
	⑤生徒の中に仲間を受け入れようとする温かい気持ちがあること
	⑥教師の適切なクラスマネジメントがあること
Points	①教室全体が学びの場となっているか
	②一体感があるか
	③教師と生徒のコラボ感があるか
	④生きた英語が飛び交っているか
	⑤生徒の英語使用の時間はどれくらいか
	⑥生徒の思考が活性化する時間はどれくらいか
	⑦表現したいが表現できない体験をたくさんさせているか
	⑧生徒が達成感・充実感をもち授業を終えているか

全ては生徒の学びのため,「英語を好きになってもらいたい」「英語を使い自分の世界を広げてもらいたい」「私や仲間との関わりの中で誰とでも豊かな関係を築ける力を育んでもらいたい」「社会に貢献できる人になってもらいたい」これが私の願いである。

2　TTT ＜ STT を意識する

★ Learners centered
★協同学習

生徒の発話時間を増やす

　先生方は授業中どのくらいの時間話をしているだろうか。指示やティーチャートーク，オーラルイントロダクションなど教師が話す場面は挙げればきりがないくらいある。しかし，できるだけ生徒に預ける時間をとり，授業での生徒の発話の時間を増やしていくことが大切である。

TTT ＜ STT

　「TTT」とは「Teacher Talking Time」，「STT」とは「Student Talking Time」のことだ。p.7で述べた Tips を充実させる授業デザインをしていけば，必ず教師より生徒の発話量が増えるはずだ。
　次は私が実際に授業をしていくときに，生徒の英語での発話を増やす上で心掛けている大切な8つの Points である。併せてチェックしていただきたい。

Points
①間違ってもいい空気がある
②仲間の話を聴き英語を使いやすい雰囲気がある
③ペアやグループを活用した協同的な学びがある
④発話のチャンスがある
⑤教師が適切な場面で生徒の発話をリキャストすることができる
⑥技能統合型の言語活動を行っている
⑦英語を使う楽しみや達成感・感動が味わえる内容である
⑧ビジュアルエイド・ICT など英語による理解を手助けするものがある

　それぞれの Points の詳細については細分化したものを後述しているのでご参照いただきたい。教師も生徒も英語でインタラクションする中で，自分の思いを語りたくてたまらない，仲間のことを知りたい，そんな思いでいっぱいの生徒達がイキイキと英語を使い，教室中が英語で溢れるような空間になっていくことを願っている。

3 生徒を理解する

★ Be original!
★ マルチ知能理論
★ Diversity

個性を大切にする

　クラスには何十人もの生徒がいる。生徒ひとりひとりの持ち味が授業の中で出せ自分のことばで語ることができるような空気感・環境をつくり，自己開示できることが大切だ。そういう集団の中では生徒達は学びを諦めなくなり，教師が投げかけた課題や活動に対しても積極的に参加する姿として主体性が表れる。英語はことばだ。生徒全員が自分の頭にあることをアウトプットし仲間と共有し合い，学びの多様性に対応した授業をデザインしていきたいものだ。

　特にガードナーにより提唱されたマルチ知能理論（Multiple Intelligences）は私の考え方を支えるものである。人間の脳には8つの知能がありそれらが絡み合い知性を構成している。知能検査で測定される論理的数学的知能と言語的能力だけでＩＱは判断されるべきではなく，人の能力を幅広く捉えるべきだとする考え方である。生徒は自分の特性を知り自分の得意なところを伸ばすことで不得手と思うことも克服していく。すなわち自己有用感を高めることが生徒のもつ能力を最大限に引き出すことを可能とするのだ。

生徒を理解する

　生徒主体の授業とはもちろん生徒の頭と心と身体を使った活動が多いことであり，そのことは前述したとおりである。個々の生徒の実態を把握し関わっていくことで，生徒の主体性と多様性を引き出していきたい。いろいろな生徒がいるからこそ授業は面白いのだ。

　私は年度初め，途中，最後に必ずアンケートをとり生徒の思いや考えを知るようにしている。その中には取り組んだ活動についての質問もあり，生徒に好評だった活動は次学期，次年度に取り入れるようにする。授業は教師と生徒とで創るものであり必ず生徒に出してもらった声を授業に反映すると宣言している。だからこそ生徒も授業で必死になることができる。また，授業間は基本的には教室や廊下にいて生徒と話をする。もちろん基本は英語でだ。授業外なので日本語で話すこともあるが，こういう日々の関わりの中で生徒をケアしていくことが生徒に安心感を与える。他には，自主学ノートへのコメントだ。努力したことへのメッセージを書くことで生徒とコミュニケーションを増やすようにしている。

4 温かく支え合う学習集団をつくる

★ Let's make mistakes!
★ Be active!
★ 自己開示

安心して自分を出せる空間をつくる

　英語が飛び交い学びが深まるには，気軽に尋ねたり安心して失敗をしたりすることができる人間関係，集団の構築が必要だ。All in English の授業実現にはこうした温かい学習集団づくりは不可欠である。生徒が安心して自分を出すことができる環境をつくることだ。心理的な不安を抱えていると，生徒には学習に対する障害となる。特に英語は外国語だから，未知の語彙や表現をアウトプットやインプットをする中で，実際に使いながら身につけていかないといけない。人は間違いを繰り返しながら，それを修正し言語を習得していくからだ。

　英語は日本人の私たちにとってはEFL（English as a Foreign Language）であり，日常生活で自ら常に英語に触れる機会を生み出していかなくては，インプットの機会もアウトプットの機会もことさら他国に比べ少ないのだ。その貴重な機会である英語の時間に，恥ずかしさや照れから英語使用のチャンスを奪うことのもったいなさを伝える必要があるだろう。特に，学習初心者については，「人は間違えることで学ぶのだ」というスタンスを浸透させ，安心して間違いをすることができる学習集団や，温かく励まし合う人間関係の中で英語を学ばせていきたいものだ。教師は Linguistic Barrier と Cultural Barrier を取り払い，生徒達が個人だけでなく集団としても，学習に意欲的に立ち向かっていけるように導いていかなくてはならない。目指すのは温かく支え合える学習集団である。

声を出す

　英語の時間に安心して自分を出せるようになるためには，声を出し自分を解放することが必要だ。声を出すことには4つのメリットがある。まず，身体の緊張を解きほぐすことができる。緊張が和らぐと情緒が安定するので，前に出たり人と話をしたりするときに平常心で臨むことができる。次に，自分の気持ちを高めることができる。お腹から声を出すことで身体が温まり士気を高め，自分に喝を入れることができる。最後に，身体をつくることができる。お腹から声を出すので体幹が鍛えられ，パフォーマンスのときに良い姿勢と柔軟な身体の使い方ができるのだ。そして，やる気ホルモンであるドーパミンが脳内から出る。元気いっぱいの状態を継続することができる。仲間と協同で行うとさらに楽しい気持ちと一体感が醸成されていく。

信頼関係を構築する

　英語が飛び交う温かい学習集団にしていくために,まず教師自身が生徒達との信頼関係を築く必要がある。良い人間関係をつくることで,生徒は初めて自己表現をするようになる。支え合いと学び合いがある温かく安心感のあるコミュニティの中でこそ,生徒は自分のことを表現することができるようになるのだ。自己開示ができると生徒同士の関係もよくなってくる。それはお互いが心を通わせ,分かり合おうとしたくなる空気を共有することと同じだからだ。そこにこそ,コミュニケーションとしての英語を学ぶ意味がある。以下に生徒との信頼関係を築くために,日頃から私が心掛けている6つのTipsをご紹介する。

> **Tips**　①生徒にマメに声をかける
> 　　　　②敬意を示して接する
> 　　　　③全力でサポートする
> 　　　　④公平さを大切にする
> 　　　　⑤正しい評価をする
> 　　　　⑥率先して自分自身が行動する

　つまり,「先生はあなたのことをよく見ているよ」というメッセージを生徒に送るのだ。成果や結果だけでなく,ひとりひとりの頑張る姿や行動そのものを認めることが大切だ。いかに「気配り,目配り,心配り」をしながら生徒を理解するかということだ。

　困ったときや悩んでいるときには,仲間の力を借りながら解決に導いたり,教師が心を込めてサポートをしたりする。このときに,教師の投げかけに生徒が心を動かすような関係をつくっていたい。「この先生の言うことなら信じてついていって間違いない」という確固たる信頼関係を築いておくことが理想だ。

　「A=MVP」ということばをご存知だろうか。教師が,"Mission"(使命感),"Vision"(見通し),"Passion"(情熱)をもち,目指す生徒像を追い求めていく姿勢があってこそ,生徒の心は動く。そして,生徒は行動を起こす(Action)のである。教師が伝えたことに対して心が動かされる。そういう関係づくりができていてこそ,生徒は行動を起こしてくれる。そんな信頼関係を生徒と築いている教師でありたい。

　英語は外国語習得というスキルを磨くトレーニングが必要な側面をもつが,それ以上に,ことばや文化の異なる人と人とをつないでくれるものだ。英語は教科指導を通じ,他者とコミュニケーションを図り豊かな人間関係を築いていく術を学ばせることのできる唯一の教科だ。だからこそ,教師自身が生徒とよりよい信頼関係を築き,生徒が英語学習へ挑む勇気を与えるコミュニケーターでありファシリテーターでありたい。

5 妥協せず粘り強く，限界をつくらないようにする

★ピグマリオン効果
★やる気スイッチオン！
★ティーチャートーク

生徒はできると信じる

　生徒達は All in English の授業で自分が理解し表現できるようになることに憧れと期待をもっている。だが，知らないことを母国語以外の言語でいきなり言われても分からない。そこで，「えー！　何言ってるのか分からん！」「日本語で説明して！」などというリアクションを返してくることがある。そこで，どういう対応するかがその後の授業を大きく左右することになる。生徒の言うことを鵜呑みにして，日本語で解説しては絶対にダメである。生徒は，教師がどこで妥協するかをよく見ている。生徒が「分からない」という意思を伝えることで，すぐに日本語解説を入れる教師の授業では，生徒は教師の英語を聞くようにならない。当たり前のことであるが，必ず後でより簡単に理解することができる日本語による解説があることが分かっているのだから，英語を聞く必要がなくなってしまうからだ。英語で理解し表現していこうとする生徒は育たないということである。「分からない」にもレベルがあるはずだ。そのレベルは生徒の実態が大きく関わってくる。教師はそこを見極め，理解に必要な手立てを講じていくのだ。生徒はできると信じる心こそ，教師の英語で授業をしたいという願いを叶えるものだと思う。これはピグマリオン効果（教師期待効果）と言い，人間は期待されたとおりの成果を出す傾向があるというものだ。

　教室で英語を増やしていくために気をつけるべきポイントは，使いながらインプットする，しつこく繰り返す，日本語と併用しない，フィードバックの工夫をすることである。特に，英語使用に慣れていない集団の場合には，教師はついつい妥協し生徒の理解を促すつもりで日本語を使ってしまいがちになる。しかし，英語を引き出すために，分かりやすいヒント・発問を出したり視覚的に訴える教材を利用したりするとよい。また，言えなかった表現は，短時間でも生徒自身で辞書を使い調べたりグループでシェアしたりする時間をつくり表現していくように促すとよい。

英語を使う必然性のある教室空間をつくる

　All in English にしていくには，英語で理解し，自分の考えや意見を伝えようとする必然性を生み出さなくてはいけない。そのためにも，教師が妥協せず辛抱強く英語で伝えようとする

姿勢を打ち出し，生徒にはオーセンティックな英語と使用場面を与える必要があるのだ。多くの教師がこの部分でつまずいている場合が多いように思う。解決方法は簡単だ。「教師自身が妥協せず粘り強く英語を使用し，生徒にも使用させる」ことである。それには英語を使う必然性のある教室空間をつくり出すことが必須だ。生徒の身の回りを英語で溢れさせると，英語を使う場面が自ずと生まれてくる。

気づきを促す言語活動を仕掛ける

●アウトプットの機会を増やす

　実際に生徒に英語を使用させるアウトプット活動は気づきの宝庫だ。アウトプットの機会を多くすることで，自然と統合的な言語活動が増え，4技能をバランスよく習得することができる授業展開となる。生徒に「推測しながら聴く，言ってみる，理解する」といった過程が言語習得には必要なのだと認識させたい。ここで培われるベースが，ListeningやSpeakingの際に諦めずに聴き話そうとする力となり，Readingでも迷子にならずに読み進めようとする思考力をつけることにもなっていく。友達の使った表現から「こんふうに言うのか」と気づく。

　自分が言えなかった表現を「これってどう表現するのだろう」と考え調べることで気づき発見が生まれる。気づきを促す場面は授業の中でさまざまに生み出すことができる。特に，インプット，アウトプット，インタラクションは気づきを高める要素だ。印象深く提示され頻繁に行われる質の良いインプットにより，言語形式のパターンやルールに気づき，気づいたことを自分の中に取り込んでいくことができる。

　使用表現から推測させたり考えさせたりするこのような営みの繰り返しが，英語使用意欲をかき立て，英語力を最も高める。言語形式，意味や機能の習得も促進され，自然な形でフォーカス・オン・フォームが行われることにもなるのだ。アウトプットによりインプットも促進される。呼吸を思い出していただきたい。皆さんは息を吸おうと思って呼吸しているだろうか。

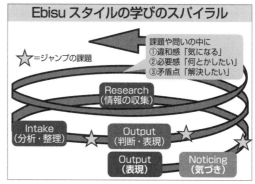

呼吸は息を吐くことによって，自然に入ってくるのだ。呼吸と一緒で，言語もアウトプットする（出す）ことで，より入って（インプット）くるようになる。

●ティーチャートークで手軽なインプットを仕掛ける

　ティーチャートークは意図的に仕組める身近で手軽なインプットだ。同じ表現を繰り返したり，話すスピードを調節し平易な単語や文構造を使ったりすることで，英語だけでコミュニケーションができる。語彙，音声，言語材料，視覚などから言語への意識を高め，パターン化・カテゴリー化・ルール化が促進されると，教え込みでない自然な形での言語習得が行われる。

Chapter1　生徒がどんどん英語を話す環境づくりのルール&Tips

6　分かったフリをすることを教える

★推測する
★協同学習
★学びから逃避させない

推測する

　語学習得では分かったフリをすることはよくないことだと言われている。分からないことに出合ったら，すぐに分からないと言い尋ねるのがよいというのが定石だ。だが，それは本当によいことだろうか。他力本願の依存的学習者を増産することにはならないだろうか。英会話教室や個別指導であれば各自のペースで学ぶことができるのでいいかもしれない。また内容理解や活動に致命的な事柄であれば，尋ねるのもやむを得ない場面があるだろう。

　例えば，「さっきの単語は何だったんだろう」とか「速くて聴き取れなかった」と感じ，すぐに，"One more please." や "Could you speak more slowly and clearly?" などと言い尋ねることは，授業の流れを止めない程度であれば許容範囲である。そういうやりとりが有意義なインタラクションに発展させるということもある。

　しかし，分からないからと闇雲に授業を止めてしまうのはいかがなものかと思う。分からない表現や事柄が出てきたとしても，また同じものが出てきて理解できることもあるだろう。一部分，一場面が分からなかったからといって，慌てて質問をする必要もないはずだ。分からない部分にこだわり自分の思考を止めてしまうよりも，その先を聞き意味内容を推測していく方がどれだけ語学力を磨くのに有益か分からない。母国語の新聞を読むときを思い浮かべて欲しい。全てを分かり読み進めているわけではないはずだ。分からないところや読めないところは推測しながら前後関係で内容理解を進めているはずである。

　そこで，私は流れを止めない質問はしてもよいが，それ以外のところでは話が切れるまで分かったフリをして聞くようにと生徒に言っている。また，必ずどこかで出合うチャンスを授業の中でつくってあるので，その場その場で100%理解する必要はないとも伝えてある。

　そうすることで心理的な負荷が下がり生徒はそのときに行われている活動に集中することができる。

　こうした繰り返しによって，少々分からないことがあっても自分で試行錯誤しながら推測，理解し，解決していく力を身につけていくのだ。また，自力で思考したり仲間と共に挑戦したりしていくことで，学びから逃げない生徒集団になっていく。

確認方法を工夫する

　授業では，何となく分かった気になっていればいいところときっちり理解をしておかなくてはいけないところがある。生徒が分かったフリをしているがきっちりと押さえたい内容・場面のときには，ペアやグループの中で確認させるとよい。

　私は，"Can you check what you're going to do with your partner (in your group)?"，"Let's talk about the main point of this story." などの簡単な指示を出すことで，生徒達に自分の頭を使い確認をさせるようにしている。生徒に任せると自分達で解決を導き出すものである。

　どうしても教師に聞きたいことがあるときには，授業後を利用すればよい。私の授業クラスでは，生徒は授業終了後に私が片づけをしている間にどうしても確かめたいところだけ尋ねに来る。生徒達も私も次の授業があり十分な時間がとれないときには，廊下に常設してあるQuestion Sheetを活用させるようにしている。

　ここでも，自律的学習者になってもらうために答えを与えるだけのスプーンフィーディングにならないよう心掛けることが大切だ。

どんどん間違えて学ぶ力をつける

★ Let's make mistakes!
★気づき
★インタラクション

間違えることで起きる学び

一番の言語習得法は「使うこと」だ。言語使用の中で間違い，修正を繰り返すことで人は言語を身につけていく。授業の中でどんどん間違うといい。その間違いを教師や仲間からのリキャストやヘルプなどのヒントから修正し，相応しい表現を学び身につけていく。自分が使うことで仲間の気づきになり，仲間が使うこ

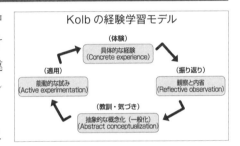

とで自分の気づきになる。Kolbの経験学習モデルにもあるように人の学びは体験したことから起こる。特に英語学習の場合は「体験→気づき→理解→納得→習得」という課程を踏むことが理に適っていることが分かる。アクティブ・ラーニングの視点からも心に留めておきたい。

インタラクションの中で気づかせる

間違えたら間違えっぱなしではなく気づかせ修正に至る過程を踏ませなくてはならない。そのときに私が行うのが次の5つだ。英文だけでなく発音やイントネーションの修正もある。

---

①日本語で言ったとき→英語で繰り返す（Repetition with change）

　S：I come to school yesterday.

　T：I came to school yesterday.

②途中で詰まったとき→英語で言い換える（Recast / Communication Break Down）

③一語で終わったとき→英文で繰り返す（Expansion）

　T：What did you eat for breakfast this morning?　　S：Bread.

　T：I see. You ate bread.

④最初のことばが出ないとき→言いたいであろう初めの語を言い導く

⑤言い間違えたとき→自己修正を引き出す（Elicitation）・言い換える（Paraphrasing）

　S：I saw movie Sunday.　　T：Oh! You saw a movie on Sunday. (Paraphrasing)

8　やる気スイッチでモチベーションをアップする

★いい加減に何回も！
★ZPD！　仲間と共に学ぶ！
★ピアプレッシャー

自己有用感をもたせる

「できた」「役に立っている」と実感をさせることで一番意欲が高まる。個々に役割を与え，自分の伸びを実感できる体験や言語活動を授業の中でたくさん行っていくことで，できたという実感をもたせることができる。教師からのタイミングよく行われる適切なフィードバックにより，生徒はさらに得意なところを伸ばしていくようになる。

「自律性」を育む

「やってみたい！」と思わせ，いい加減に何回も繰り返していくことで，脳からドーパミンが放出され，活動が楽しくなり自ら進んで取り組むようになる。与えられた活動を言われたとおりにやるだけではもったいない。途中のプロセスに自己決定や自己選択の場面を仕組んでいくことで，生徒は自分から学びを深めていく。

他者と自分との「関係性」をもたせる

「仲間と関わりたい！」という気持ちは，コミュニケーションツールである英語を習得していく上で大きなエッセンスになる。自分の考えをもった上で仲間と関わり，活動する場面があることが授業デザインで大事だ。だからこそ，良好な人間関係の中で多様な考えを出し合い認め合う環境をつくり，特に「関係性」を意識した協同的な学びを取り入れていきたい。一斉だけでなくペアやグループなどの学習形態の工夫をし，仲間と協力する場面を仕掛けると学習効果も上がる。一人では成し遂げられなくとも仲間とならできる。これを「発達の最近接領域（ZPD: zone of proximal development）」と言う。これは，ロシアの心理学者ヴィゴツキーが提案した概念で，子どもが自分ひとりでできることと，大人に少し手助けしてもらえればできることとの差の領域を意味している。子どもの言語発達を促す上でこの概念は非常に大切だ。簡単すぎる課題だと発達を促すことにつながりにくい。逆に難しすぎると子どもは嫌になりチャレンジしなくなる。そのため，ZPD，すなわち，子どもの発達段階よりもほんの少しだけ上の課題を目指すことが子どもの発達を促すことにつながるのだ。これはAll in Englishを目指す授業にとどまらず，生徒の表現力を伸ばしモチベーションを上げていくのにも有効な視点だ。

9　Active Classroom English を増やす①

★ **Active Classroom English**
★ **Be talkative!**
★ **Authenticity**

発話量を増やす

　Classroom English（以下 CE）は教師，生徒ともに最も使用する頻度の高い英語である。CE には教師が主に使用する Passive CE と生徒が使用する Active CE がある。教師の CE については，生徒は聞いて理解することができればよい。生徒が使用する CE についてはまさに生徒がアクティブに使えるレベルまで引き上げなくてはならない。私は Passive CE についても使えるレベルまで引き上げ，Student Teacher やグループ活動，プレゼンテーションなどのときに使用させている。そうすると，Active CE になり，私の生徒は授業を任せても英語だけで進めることができるくらいまで私が使用する英語にも習熟していく。自分が使用する機会・場面があることが分かっているので，生徒達が私の話す英語を聴く集中力には半端ないものがある。

英語を使う目的を明確にする

　英語を使うことが必要だと分かっても「何のために」という目的が明確でなければ，神棚に上げた餅になってしまう。よって，教師も生徒もそれぞれの使用の目的を明らかにしておくとよい。特に，「英語で授業」が文部科学省から提示され，とかく「全て英語で授業をすればいいのだ」と文法説明も含め，教師が何から何まで英語で説明し，生徒は聞いているだけという授業もあるようだ。これは教師が英語を使うことが目的となっているのであり，求められる姿とは違うだろう。つまり「生徒が英語を使う」ためにどうやって教師が授業をデザインしていくかという視点が必要なのである。私が考える目的を以下に挙げておく。

> **Points**　教師の目的
> 　①生徒から英語を引き出すため
> 　②生徒を動かすため
> 　③生徒への英語のインプットにするため
> 　④英語授業のリズムとテンポを作り出すため
> 　⑤英語使用者として生徒のよいモデルとなるため

> **Points** 生徒の目的
> ①英語を通してコミュニケーションを図るため
> ②自分で使うことによって習得するため
> ③使える英語表現・語彙を増やすため
> ④英語で自分のメッセージを伝えるベースをつくるため

使用場面を意識する

　生徒が英語を使えるようになるには，前述（p.12）したようにしつこく粘り強く身体に取り込まれた状態になるまで使うことである。そのためには，日頃のインタラクションの中で使ったり，学んだ表現については使用場面を意識させて使ったりすることが必要だ。教科書の表現の中にも，CEをまとめたページがあり，本文中にCEとして活用できるものがたくさんある。身近な場面や教材を使いながら生徒が英語を使うように導きたいものだ。

10 Active Classroom English を増やす②

★生徒が使える英語表現を増やす
★小中連携

Passive CE

教室の中でCEを増やしていくには，まず教師が使える手持ち表現を増やしていくことが必要だ。小学校で慣れ親しんだ表現も使い小中連携の視点も踏まえ使用していくとよい。以下に簡単に増やせる手持ち表現の例を挙げておく。

①褒めことば　Great! / Awesome! / Wow! / Nice job! / Well done! / You did a wonderful job!
　　　　　　　It's perfectly all right.
②指示の確認　What did I say? / Please check what you're going to do.
　　　　　　　What will you do next?
③注意する　　What was the last word I said? / I need absolutely perfect silence.
　　　　　　　I cannot hear girls' voice. / Keep the talking down. / I cannot hear the girls
　　　　　　　(boys / students) in the back. / Speak up, please.
④指示を出す　Are you ready? / Have you finished? / Change partners. Students in this
　　　　　　　line, move back one seat. / I will say it in Japanese. You say it in English.
⑤質問を受ける　Any questions? / Are there any questions to begin with?
⑥選択させる

T：Now you'll make a skit script. Do you want to do by yourself, in pairs or in groups?
Ss：In groups!
T：All right. What will you do in groups?（確認）
Ss：We'll make a skit script.
T：Absolutely. I'll give you 15 minutes.
Ss：Got it!

以上の表現は主に，「教師→生徒」という流れで使用されることが多いものであるが，生徒同士でも使うActive CEにしていきたいものである。

Active CE

　これは「生徒→教師」「生徒→生徒」となるCEである。生徒がアクティブに活動し英語が飛び交う授業を目指すのならば，Active CEを増やしていくことに力を注ぎたい。この種のCEを増やすには使う必然性のあるオーセンティックな場面設定をつくり出すことやインタラクションの中で「ここ！」という場に遭遇したときにすかさずインプットしてしまうといい。

■「生徒→教師」
　①単語や表現を尋ねる　What does this word mean? / How do you say ... in English?
　②プリントが足りない　Please give me one more handout.
　③プリントが多い　　　I have two extra handouts. Here you are.
　④発表する　　　　　　Let me try first. / Yes, me! / Here, here!

■「生徒→生徒」
　①仲間への声掛け　　　Are you listening? / Highlight it. / Let me help you.
　②答え合わせをする
　A：Shall we check the answers?
　B：Sure.
　A：What about No.1?
　B：I think the answer is ....
　A：I think so, too. / I don't think so. I think it's ....
　B：OK. Let's go on to the next one.
　③順番を決める
　A：Who goes first?
　B：I'll go first. Next is .... / After you. / Please go ahead.
　④意見を求める
　A：Is his answer right?
　B：Yes, it is.
　A：What did she say?
　B：She said ....
　A：Do you agree with him?
　B：Yes, I do. It's because ....
　A：What do you think of her idea?
　B：I don't agree with her because ....

11 メタ認知力をつける

★自己モニター
★発問
★学び方を学ぶ

自分のことを客観的に見る力をつける

　メタ認知力とは，自分自身の力を客観視して計画を立て対処する能力のことである。簡単に言うと自分を違う自分がモニタリングすることだ。メタ認知を働かせることにより，自分の判断，記憶や理解などのあらゆる認知活動をチェックし，誤りを望ましい方向に軌道修正することができるようになる。また，自分の弱点を補いパフォーマンスを向上させることが可能だ。いずれも学習活動を効果的に行うために欠かせないことであり，メタ認知こそが学習を支えてくれるものとなる。

　英語で言うならば，「見る・聴く・話す・読む・書く・理解する・覚える・考える」などが認知プロセスとなるが，その結果を一段高いレベルから客観的に捉え直し認識し直すことができることが学習効果を高める。限られた時間の中で効果的に学習を進めるには，ただ闇雲に学習をするよりも，学習者が自分の立ち位置を分かっており，どこをどんなふうにしていけば課題が克服できるかを見極める力が必要なのだ。生徒はアウトプットして初めて自分の状態を理解できる。技能統合型で自己関連性の強い言語活動の中で仲間に対し自分のことを表現することで客観的に自分のことを振り返ることができる。また，相互評価により他者の視点から学ぶことができ，それが自己の内面の気づきを促しメタ認知力を高めるのだ。

教師の発問に対して必死に考える

　メタ認知力を高めるには，生徒の考えや思いを尋ねる発問をすることである。"Why do you think so?" "How do you think that?" "Please let me know your ideas." などの問いかけから生徒は思考するようになる。自分でどうすればいいかを考えることにより，客観的な視点が養われるのだ。また，間違いをしたときに指摘だけで終わるのではなく，どうしたら次に同じ間違いをしなくなるかを考えることも必要だ。英作文をしたときに間違いがあったときには，私は生徒が自分でそれを修正できるようなヒントを書くようにしている。例えば，類似表現がある教科書のページを書いたり，よくある間違いには生徒との間で共有がなされている記号（スペリングミスには sp）を作っておき，それを書いたりしている。そうすることで，生徒は学び方を学ぶことにもなる。

12 ユニバーサルデザインの授業を考える

★全員参加
★ケア
★ **Leave no one behind.**

全員の学びを保障する

　ユニバーサルデザインに基づく授業は，学級経営や学校経営の在り方にも深くかかわる。特別支援の視点で取り上げられることが多かったが，どの子の個性も活かすという点で通常の学級・授業でもケアをするべき考え方である。なぜならば全ての生徒の学びを保障する授業を行うことは教師の責任だからだ。ユニバーサルデザインの授業は，子どもが安心して過ごせる学級，学校が土台となり，その上でひとりひとりの子どもを見つめていくという視点がなければ表面だけのものとなってしまう。全員が授業場面で達成感を感じることができるために，個人の特性を理解し配慮しながら，個性を活かす授業展開をしていきたい。

ユニバーサルデザインでデザインする授業の要件

　ユニバーサルデザインの視点を取り入れると，教師は生徒をよく観るようになり生徒の捉え方が変わる。どの子も分かるようになりたい，できるようになりたいと思っている。英語で言うと，読んだり聞いたり話したり書いたりできるようになり，自分のことを表現し相手のことを分かるようになりたいのである。だから私達教師はつまずいている生徒に対して寄り添い支えていける存在でありたい。以下に私がケアしている授業の要件と学びのコアを挙げておく。

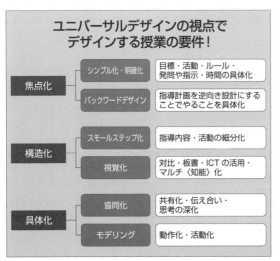
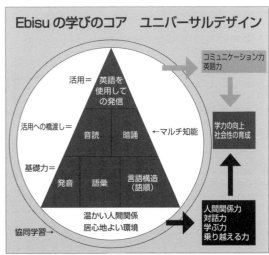

Chapter 2
「英語で授業」が必ず成功する授業づくりのルール&Tips

★1 ゴールとよいモデルを提示する

★バックワードデザイン！
★明確な目指すゴール（姿）！
★作品化をする

ゴールを提示する

　授業開きの際に，教師の授業に対する理念と生徒達につけて欲しい力を伝える。例えば，「どういう力をつけ，どんな生徒に育っていってもらいたいか」，「そのためには，どのような授業をつくっていく必要があるのか」という生徒達自身が目指すゴールを明らかにし，そのために必要な手立てを教師が示す。これが「バックワードデザイン」だ。目的をクリアにし，それができるようになるために必要な内容と方法を考え，授業をデザインするのだ。生徒達は，活動の意味や活動ごとのつながりが明確になり，見通しをもった取り組みができるようになるだろう。教師も教科書を頭から追っていくだけであったり，行き当たりばったりであったりの授業をしなくなるはずである。

　私の場合は，「Hole in One」「10 Rules」が求める姿のベースになり，教科書シラバスとタスクシラバス，Can-Do-List が具体的な活動をイメージするものとなる。「Hole in One」「10 Rules」の詳細は，拙著『目指せ！英語授業の達人16　生徒を動かすマネジメント満載！英語授業ルール＆活動アイデア35』（明治図書）をご参照いただければと思う。

具体的な目指す姿を提示する

　生徒にとって最もよいのは，身近な先輩や卒業生のパフォーマンスやライティングの作品・ノートを見ることだ。もちろん，同学年の仲間のものでもかまわない。実際に発表会などで見る場面があるといいが，見せたいと思うときにタイミングよくその場があるとは限らない。いつでも使えるものとしてビデオに撮影して残しておくとよい。良いものは，いつまでも残し後輩に見せることが可能だ。私は年度当初に生徒に許可をとり，さまざまな場面を撮影している。

　ライティングについては，作品を掲示しデジタルカメラや iPad, iPhone で撮影しデータで残しておく。これでいつでも必要なときに見せることが可能だ。こうして映像や作品をストックしておくと，卒業時に記念として CD や DVD にしてプレゼントすることができるというメリットつきだ。「百聞は一見にしかず」。ことばで言うより，実際を見せる方が断然説得力がある。身近な生のモデルは，生徒のやる気スイッチに火をつけること間違いなしだ。

2 バックワードデザインで授業を考える

★目的と目標
★ Vision, View and Victory

明確な目指す姿

　目指す目的地を示し，それに向かっていくには途中でどんな状態になっていること（目標）が必要かを示すことが必要だ。具体的な「英語で授業」の目的地は，単に生徒が英語を使うことではないはずだ。「英語を使って何ができるか」，すなわちここでも Can-Do の視点が必要だ。発話語数の提示や活動の中で英語を使って何ができるかも加味すると生徒には分かりやすいだろう。目標設定理論の観点からも明確性が高いと期待や確実な行動を方向付けることができ，パフォーマンスの向上と目指すところが高いハードルであるほど向かっていく気持ちが高まり成果を上げることができる。私は卒業した3年生の授業映像や該当学年の3月の姿を見せ，より具体的なイメージをもたせるようにしている。こうすることで生徒達は3年後，2年後，1年後の姿を自分の中にもち学びを進めることができる。

3つのV

　教師としては「生徒は必ず目指す姿になる，近づける」という成功（Victory）イメージと，常に生徒の実態から見通し（Vision）と視点（View）をもち授業をデザインすることが大切だ。プラスのメッセージは必ず生徒に伝わるものだ。また，教師が確固たる信念に基づき見通しをもち授業に臨むと生徒は必ずそれに応えてくれる。

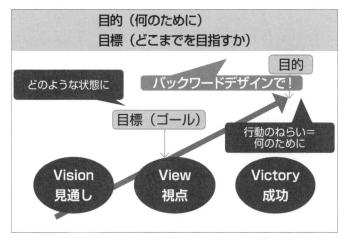

Ebisuの目指す生徒像！

①自分と自分の周りの人を大切にし，自国の文化に誇りをもてる

②英語を通して世界の人々と協力し，世の中に貢献できる

そのために

困難を乗り越える力を身につける→人間力　心

言語力と伝える力を身につける→言語力　技

コミュニケーション力

思ったことを行動に移す力を身につける→行動力　体

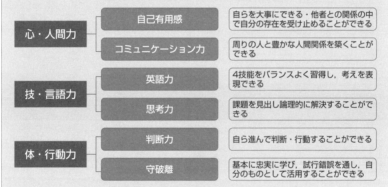

世界へ向けて自分の思いを発信し，世の中に貢献できる人を育てる！

心・人間力	自己有用感	自らを大事にできる・他者との関係の中で自分の存在を受け止めることができる
	コミュニケーション力	周りの人と豊かな人間関係を築くことができる
技・言語力	英語力	4技能をバランスよく習得し，考えを表現できる
	思考力	課題を見出し論理的に解決することができる
体・行動力	判断力	自ら進んで判断・行動することができる
	守破離	基本に忠実に学び，試行錯誤を通し，自分のものとして活用することができる

Ebisuの授業スタイル

1　支え愛，学び愛，高め愛がある
2　全員が心を動かす
3　全員が身体を動かし脳みそに汗をかく
4　全員が英語をたくさん使う
5　思考を活性化させる時間をつくる
　　（即興性・論理的思考）

Active Learning　生徒がイキイキと学ぶ

3　単語・表現を多用して大量のアウトプット活動をする

★まずアウトプット！
★Noticing a hole!
★既習語彙・表現の活用

アウトプットさせる

　生徒にはまずアウトプットをさせるとよい。当然表現できない場面に遭遇する。アウトプットしようとすることで自分に欠けている語彙や規則体系に気づくことができる。それを気づくことは，自分が習得すべきものへの気づきでもある。そこで既知の語彙や表現を使いながら切り抜けるのが表現力向上につながる。言えない経験をすることがさまざまな気づきを生み，自分に欠けているものを補う動きを活性化する。だから，私は1年生でも4月の終わりから即興でチャットをさせる。そうするともちろん言えない，会話が止まるという状況になる。そこが狙いなのだ。中学校に入学したての彼らは表現したい意欲に溢れているので表現を探るようになる。辞書を使ったり教師に尋ねたりするという行動を起こす。そんな生徒の言いたかった表現は当然他の生徒も必要とする表現となる。それらを集めてリストにしたり，その都度短時間でも共有する場を設けたりすると個人のものではなくみんなのものになっていく。スプーンフィーディングで生徒に与え続け（インプットオンリー），形式をコントロールして表現させる段階から，生徒が豊かな表現者となり自律的学習者となるような道を選びたいものだ。p.13の学びのスパイラルの図も参考にしていただきたい。

既習語彙・表現を使用する

　初めから100％を理解させようとするのではなく，教師が使用する英語の8割を生徒が理解をすればいいというくらいの肩の力を抜いた気持ちで臨むことである。その際に，先に述べた単語や表現の言い換えなどの配慮や，小学校での既習の表現を知っておくことが大切だ。既習表現の把握については，小学校の先生に尋ねたり授業参観をしたりする中で把握することが可能だ。また，逆に中学校1年生の段階で身につけておきたい表現を小学校の先生に渡しておくこともひとつの手だ。いずれもリスト化しておくとよい。こうすることで，小学校の先生も中学英語を意識しながら，単語や表現を使っていくことにつながる。こうした指導内容の連携が，生徒の中学入学後の英語学習の負荷を下げることにもなる。言い換えについては，既習語彙を使用したり，表現のバリエーションを増やしたりしていくことで，理解可能な表現が増えていくだろう。

● 既習語彙・表現の使用

　小学校で外国語活動を経験した生徒達は，中学校の教科書では出てこない生活周辺語彙に触れ中学校に入学してくる。中学校英語教師は，生徒が慣れ親しんできた語彙・表現を知っておかなくてはならない。小学校でNSやHRTが使用していたCEを熟知した上で授業に臨むことも大切だ。こうした連携が小中の接続をスムーズにさせる。

● 表現集の活用

　後述するが，私は，アウトプットの機会をたくさん設けるのと同時に，4月から段階を追って生徒に必要なCE（教師使用と生徒使用）をリストアップしており，それをもとに英語を英語で理解し，使えるようにしていくという過程を踏ませている。そのリストは，教師側が授業を進めるのに必要だと思う表現と，これまでの生徒からアンケートをとり，「○月に必要な表現」「○○に必要な表現」「○○で使った表現」として生徒が使うのに必要な表現を抽出したものだ。実際に生徒が必要感をもっている表現なので使用頻度も高いものばかりだ。私が一方的に与えるだけでない点が，生徒の意欲を高めてくれているようだ。

● 既習語彙で言い換え

　生徒の表情を見て，理解できていないと感じたときには，既習語彙を使用し簡単な表現に言い換えることが効果的だ。日本語を使わなくても英語で理解させることができる。特に1年生の4月は，生徒がつまずきそうなところや表現を予測し，理解の補助となるピクチャーカードや，場面を掴ませるのに役立つ映像などを予め準備しておくのもひとつの手だ。できるだけ言語だけのやりとりで理解させるのが理想であるが，少しずつ負荷をかけながら言語のみのやりとりを実現させればよい。簡単に言い換える作業は，NSでない日本人教師にとっては自身の英語力向上にも一役買う。英英辞書を駆使し使用語彙に配慮しながら，生徒に分かりやすい表現にかみ砕いていく。英英辞書は「Collins COBUILD Student's Dictionary」がお勧めだ。生徒に分かりやすい語彙と表現が使用されている。

● スピード

　学習初期だからといってスピードを落としゆっくり話すのはお勧めしない。徐々にスピードを上げていく方が耳が慣れるはずだと言う先生が多いが逆である。内容と時期も関係するが，私の経験では，初めからマックスでないにしても，自然なスピードで話す方が，コミュニケーションをとる上で生徒にとっては後の負担が少なく，また，語と語のリンキングや音の脱落なども浸透しやすい。スローペースに慣れた生徒は，音読やスピーキングのときにリズム良く自然な英語で発話ができない傾向がある。授業のテンポも生み出しづらくなる。

● 気づき

　p.13, 16でも触れたが学習事項の一番の定着は気づくことである。気づきは全てが分かることからでは起こらない。教師が使用する英語についても既習語彙・表現や分かりやすい表現ばかり使用するのではなく，生徒にとって背伸びになるような表現を使うことも必要だ。

分かったフリをする

　生徒には,「全てを理解できなくても大丈夫」「分からない表現や単語があってもかまわない」「こんな感じだろう」という気持ちでいればよいのだと伝えておきたい。推測して考えることを促すためだ。私達は日本語を聞くときも読むときも全てを理解してはいないはずだ。前後の文脈から推測したり想像したりして内容理解をしている。外国語ならなおのこと,そういうスタイルで臨むことが必要だと思う。また,私は生徒に「分かったフリをして頷いて聴くように」とも伝えている。これは「分からない」を全面に出し過ぎると多くの生徒の学びを妨げてしまうからだ。本当に分からないことはペアやグループ活動のとき,もしくは教師に授業後に尋ねればよい。意外と「分かったフリ」をしていると「分かるようになった」「できるようになった」という生徒が多い。これは分かったフリをするのに,どんな反応を返せばよいかを考え発話しようとするときに,思考をアクティブにするからにほかならない。

効果的なインプットを仕掛ける

　Krashenのインプット仮説にもあるように,学習者の言語能力よりも少しレベルの高いインプット,すなわち理解可能なインプット（Comprehensible input）を十分に浴びることで言語獲得は促される。教師がオーセンティックな場面や前後の文脈から意味を推測したり理解できたりするインプットをインタラクションの中で与えることも英語で理解し出力することに効果的だ。そのためには,教師が英語を多用することが不可欠である。教室を英語環境にしてしまうのだ。教師の使用英語（Classroom English・Teacher Talk）から生徒は多くのインプットを得るからである。その際には,気づきを促すために以下の6点に注意して英語を使用する。

---

①生徒からのリアクションを意識した双方向のコミュニケーションが可能な英語で話す
②できるだけ既習語彙や言語構造を使用する
③できるだけ単文でつなげ生徒に負荷をかけすぎない文構造を使用する
④理解の手助けになるようにジェスチャーを入れたり物を使ったりして話す
⑤言い換えをするなどして生徒の理解を促す
⑥「何だろう？」アンテナにかかる未習表現も織り交ぜる

　まずは,生徒が英語を聞いて指示どおりに動くことができるようにしておくことが第一段階である。それから,生徒が授業や日常生活でも使えるリアクション表現を中心にアウトプットをさせながら,英語が聞こえたら瞬時に反応できるようになるための表現をインプットしていくとよい。英語が共通使用言語であるという意識を浸透させるデータの提示や話題を出しながら,英語を使う必然性を落とし込んでいくとよい。

「何だろう？」アンテナをアクティブにする場面を設定する

★知的ハングリー
★レディネス
★フォーカス・オン・フォーム

「何だろう？」アンテナを刺激する

　既習表現の使用だけでは，表現の幅は広がらない。ときには，生徒が「あれ？　先生，今何て言ったんだっけ？」と思う表現を使い刺激を与えることが必要だ。母国語でも，私達は全ての語彙や表現を知り尽くした上でコミュニケーションを図っているわけではない。話しことばも書きことばも，前後の文脈から推測して判断し，理解していくという作業を繰り返しているのだ。こうした作業を経てインプット，インテイクされていった語彙・表現は自分の使える語彙・表現となっていく。外国語習得には，こういった作業を積み重ねていくことが必要なのだ。
　英語教師になり，シンガポールと韓国へ研修に行かせていただく機会があった。特にシンガポールでは，国立大学での語学研修がメインのプログラムで，自分自身が学生に戻り学習者の立場として研修を積むことができた。運良くアドバンスコースに入れたため，先生方が話される英語のスピードも速く内容も高度で容赦がなかった。そこでは，何度となく「あれ？」という体験をした。その体験を繰り返すことで，使用される表現から意味を推測し，気づき，表現を理解し身につけることができた。

「何だろう？」アンテナがアクティブになる言語活動を仕組む

　生徒が「何だろう？」「何て言うのだろう？」と感じる場面，そして「言いたいが言えない」「何とか表現できたが，何と言えばスムーズに伝わっただろう？」が出てくる言語活動を仕組みたい。私の授業では前述したインタラクション以外では次の言語活動や場面で生徒の「？」が生まれることが多い。

・即興チャットやモノログでアウトプットをしたとき
・ピクチャーディスクライビングをしたとき
・即興 Q&A をしたとき
・教科書の話をリテリングしたとき
・ディスカッションやディベートをしたとき

● 生徒を知的にハングリーにする

　学習は生徒の知的好奇心をくすぐるものでありたい。知的にハングリーにさせるために，先走りして教え込まず，「何だろう？」という気持ちをもたせるのだ。教科書で新出の言語材料やイデオムが出ると，使用場面や意味を叩き込んでから言語活動を行うような授業をしていないだろうか。それでは，生徒の知的好奇心が半減してしまうと私は考えている。

　例えば，私は1年生の4月から週明けの最初のGreetingsの中で，"How was your weekend?"と尋ねる。生徒はweekendから週末のことを尋ねられているのは分かるので，「どう答えたらいいのだろう？」と考える。教師から"Wonderful?"，"Was it great?"と投げかけられ，答え方を推測する。このように「何だろう？」と思わせ，生徒の思考を促すインタラクションが必要だ。さらに，初めは"It was good."と定型の応答をすればよいが，段階を経て"What did you do on the weekend?"も加える。そうすると，必然的に生徒が過去形を使う場面ができる。小学校で現在形には慣れ親しんでいるので生徒は現在形で答えるが，そこで過去形を入れてしまうのだ。私の指導で音声に敏感な生徒は，すぐに動詞の言い方が違うことに気づく。それに気づいたら，毎回，"What did you do last night?"などのインタラクションを入れ，過去のことを言いたいときには動詞の形を少し変えるのだとすり込んでいく。つまり，教師が生徒の言ったことをリキャストすることにより気づかせる中で自然に表現を習得させていくのだ。すると，生徒は自ら辞書を引き動詞の活用を見つけ出したり，英文日記を書き自己表現したりするようになる。知的にハングリーにさせることで，生徒は個々に適した学習方法を選択し内発的動機付けをも高めていく。自律的学習者への第一歩であるとも言えるだろう。

● 内容と合った発問とアウトプットをする

　「何だろう？」アンテナをアクティブにするには，教師の発問とアウトプットが大事だ。モノログやチャットなどの言語活動を行い，表現したいができない体験をさせることだ。言えない体験をするとそれを言いたくなる。やる気に火がつく。日々の生徒とのインタラクションの中でも，既習表現を使い自信をつけさせ，ときにステップアップした発問をし，詰まる体験をさせる。生徒が日本語で返したときにすかさず，"How do you say that in English?" "English please." "Please translate that into English." などの表現を使い笑顔で尋ねるとよい。一人では答えられないときは短時間でもペアやグループで確認させる時間をとる。英語使用の機会を増やすと同時に，他者と関わり合う活動にすることでより使おうという意欲も向上する。生徒が使用した表現は，先々で有効になるものが多い。表現としてさっと入れた方がいいものについては，パラレルトークの中でインプットしていくことが有効だ。こうしたインタラクションを繰り返していくことで，生徒はさらに「何だろう？」アンテナを高く立てる。

5　変化のある繰り返しでトレーニングする

★変化のある繰り返し
★スモールステップ
★ Routine

スモールステップで授業を進める

　言いたい表現は出てきたし言いたいこともある。そうした状態になると，pp.20-21で述べたように，出てきた表現をトレーニングだ。言語活動の中で使いながら練習を確保していく。ある程度使いたいという気持ちが芽生えてきたら，生徒は自主的に家で練習をするようになる。そうなると，授業では質問を受けたり，生徒がつまずくであろうと思われる表現に限定して練習をしたりすればよい。しかし，生徒の練習が不十分なようであれば，授業内で時間を決め必要な表現に絞り練習させるとよい。生徒の実態にもよるが，表現リストを渡していても一度にたくさん練習するのではなく，小出しに練習していくとよい。練習方法も学習形態を工夫しペアやグループなどを活用し，やり方もバリエーションを変えていく。少しずつ使えるようになっていくという達成感が生徒の学習意欲をさらに高めていく。

言語の学びを意識した指導をする

　少しずつ繰り返すことが学習効果を高め，英語力も高めていく。Kellerman の U-shaped development によると，言語の学びは U 字型発達をするという。正確さをグラフにしてみると，最初は正確性が高いが，次第に低くなり，最後にまた正確性が高くなる。例として有名なのが，幼児の動詞 go の過去形の習得過程である。最初は went と正しく使えていたが，次第に goed と規則動詞の変化形もどきを使い始め，その後，また went と正しく使えるようになるというものだ。

　また，Murphey は言語の学びを「ローラーコースター」に例えている。学びは時間に比例して右上がりではなく，途中で落ちたり上がったりを繰り返しながら定着していくものなのだ。だからこそ，諦めずしつこく粘り強く生徒達と向かい合っていくのだ。

●英語は実技教科！　活動の目的を明確にする

　英語はコミュニケーションのためのツール。使うことで初めて身につく。練習して使うことでできるようになるのだ。その点において英語は体育や音楽のような実技教科と同じだ。だからこそ，習得するにはトレーニングが必要なのだ。ただトレーニングすれば身につくというだけでは生徒はしない。なぜトレーニングが必要なのか，トレーニングをする目的，意義やメリ

ット，そしてやり方を伝えることが大切だ。実際に体験してみて効果が上がることを実感すれば，生徒達は必ず行動を起こす。

● **まずはやってみる**

　生徒の行動を促すために，言葉で伝えるだけでなく，教師自身がモデルとなり生徒を導いていかなくてはならない。"I do, we do, you do."の姿勢で教師が臨むことだ。これは，韓国の研修センターで学んだアプローチだ。まず，見本を示す"I do"，次に手助けをしながら一緒に行う"We do"，最後に生徒自身が自分でしてみる"You do"，というアプローチである。日本でも同様の名言があり，上杉鷹山は人を動かす方法について，「してみせて，言って聞かせて，させてみよ」と説いている。また，山本五十六は「やってみせ，言って聞かせて，させてみせ，ほめてやらねば，人は動かじ」と説いている。これは「垂範・指導・施行・賞賛」として最初の頭文字をとり，「人を動かす4S」とも言われる。教師自身が一人の学習者として，生徒のよいモデルとなるべく英語習得のためにトレーニングをする姿を示したいものだ。

● **使用する過程で語彙・表現をレベルアップする**

　小学校で既習の挨拶表現は"How are you?""I'm fine, thank you."である。中学校では，"How are you feeling today?"や"How's it going?"などを使うことができるだろう。応答も，"I'm fine, thank you."だけでなく，"I'm great!""I'm super!"などの話し相手の気持ちを高揚させる表現を使用させることで，よりコミュニケーションとして相応しいやりとりになる。プリントが足りないときも，"One more, please."から"Please give me one more handout."さらに，"Could you give me one more handout?"など使わせることが可能だ。実際NSは多様な表現を使うので，語彙・表現もレベルアップさせ臨機応変に対応できるようにしていきたい。

　そのためにアンケートをとり，小学校の授業参観や出前授業により中学校へ入学してくる生徒が知っている語彙や表現を把握しておきたい。また，中学校で使用するようになる表現リストを小学校の先生と交流し，小学校でも小出しにしてもらい，中学校入学後の負荷を下げるような配慮もしたいものだ。近年，日本でも英語教育熱により幼い頃から英語を習う生徒も少なくない。小学校で親しんだ以外の語彙や表現を知っており意欲も高い場合が多い。そうした生徒の活躍の場を上手くつくることで，学習が進んでいる生徒を退屈にさせずAll in Englishのサポートとなる動きをしてくれるようになる。教師の説明がなくとも，他の生徒の理解が進み，協同的な学び合いの中で英語を習得していくことも可能になる。

思考を活性化する探究的な学習課題を設定する

★英語の回路をつくる
★言い換えをする
★生徒の脳みそに汗をかかせる

日→英から英→英へのスイッチオンをする

　All in English にしていくために，辞書指導前に生徒にまず使用させる表現が"How do you say … in English?""What do you mean … in English (Japanese)?"である。この表現を使用し，表現したい内容を英語でどう表現するのかを教師に尋ね知ることができる。しかし，辞書指導を始めると徐々に使えなくしていく。例外として，中学生用の辞書にない表現に関しては尋ねてよいとする。こうすることで，生徒は自ら考え，辞書を駆使して自分なりの表現をしようとするようになる。中学校1年生だと，多くの場合が日本語の言い回しを変えれば既習の語彙や表現で対応することができる。このような思考，創造の作業を繰り返すことにより，学年が進んで，ピンポイントで言えない語も言い換えをしながら表現する力が身についてくる。

日本語の解釈を大切にする

　自己表現をする段階で生徒に伝える Points が3つある。それは，

> **Points**　①何を伝えたいのかをはっきりさせる
> 　　　　　②幼稚園児にも分かる日本語に直してから英語にする
> 　　　　　③なるべく主語と動詞がはっきりとした日本語にする

である。この3点を意識するだけでずいぶん負荷が軽減される。例えば，①については，「よろしく」という表現が出てきたときに，"How do you say *yoroshiku* in English?"だけでは，尋ねたいことは分かるが質問が漠然としていて教師は答えることができない。「よろしく」には，「相手に初めて会ったとき」，「目の前にいない人へ挨拶の気持ちを伝えてもらいたいとき」，「続けて連絡をとりたいとき」，「後のことは任せたと言いたいとき」，「（今後のことを含めて）感謝の気持ちを述べたいとき」などさまざまな使用場面がある。それぞれ"Nice to meet you.","Please say hello to your mother for me.","Let's keep in touch with me.","Take care of the rest.","Thank you."となる。いずれも前後の文脈，場面が違うが，それを明確にすることで適した表現が出てくるのだ。この3点の提示により，他の表現をする際にも，生

徒は内容を明確にし本当に伝えたいことは何かを考えるようになる。このような仕組みをつくっておくと，英文読解や意見を述べる場面，言語活動のときでも，自分の脳みそをフル活用し考える生徒が育つ。知識を与えるだけでなく「できる」ように導くのである。

●ラーニング・ピラミッド

　質問をされると，教師は全てに答えたくなってしまうが，知っていても「自分で調べてごらん」と言ったり，答えにたどり着くようにヒントを与えたりするだけにとどめるべきである。もし，一人では目的地にたどり着けない場合には，ペアやグループによる協同学習が，生徒同士の中で学びを深めていくことにつながり英語学習には効果的だ。教師が教え込むのではなく，生徒が自主的に取り組めるように学ぶ道の方向付けをし，生徒の学びを起動させるのが教師の仕事である。

　「百聞は一見に如かず」や「習うよりなれろ」など，効果的な学び方についてはいろいろな格言がある。この効果的な学び方について，体系的に示しているのが，National Training Laboratories の"ラーニング・ピラミッド"だ。ラーニングピラミッドの元となったとされるのは「経験の円錐」(Dale, Edgar. 1946) である。実証されたデータの裏付けの有無問題も諸説あるが，学習者が能動的になることで定着率が上がるのは理に適っているこ

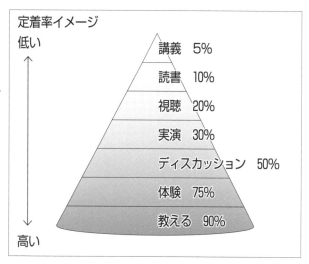

とからここに取り上げることにする。"ラーニング・ピラミッド"では，学習定着率が次のように示されている。教えられたことよりも自ら体験したことの方が定着率がよく，さらに学んだことを他者に伝えることが最も効果的に定着を高めることになることが分かる。言語の学びは受動的なものでは自分のものにはなりづらいのだ。

●ペア・グループで考え，判断する場を設ける協同学習

　学びの過程を考えたときに，自力では解決をすることが難しいときもあるだろう。そういうときには，ペアやグループで仲間の頭を借りながら解決への道筋を探していくように仕組む。教師はどうしても話したがる，教えたがる傾向があるようだ。しかし，上の"ラーニング・ピラミッド"からも分かるように，話を聞いただけで身につくのはたったの20%である。私は，教師は生徒の学びややる気に火をつけるファシリテーターであるべきだと思っている。授業は生徒が主役であり，生徒自身に気づき発見をさせる場だ。特に，授業で行われるさまざまな言語活動や営みの中に，他者と距離を縮めるための仕掛けやトレーニングをすると，さらに生徒の思考と学びは深まっていく。

7 英語の使用場面と使用機会を増やす

★英語はコミュニケーションの中で学んでいく
★ **English only**
★幼児が母国語を学ぶように英語を学ぶ

English only をルールにする

　日本は一歩教室を出ると英語環境ではないので,意図的に英語を使うように仕掛ける必要がある。そこで,私は"English only"をルールとして提示している。これは,「英語の時間は英語で」をモットーにしたルールだ。生徒達は,英語を聞いて理解し,自分の考えや意見を英語で伝える力をつけることが求められている。発信型の英語力をつけるには,教師やCD・DVDなどから習得する受け身の英語だけではなく,生徒同士でも英語を使用し主体的に学べるようにすることが必要だ。生徒は使える英語をフル活用し,非言語的要素も使いながらアウトプットをする。前述したように,そうした状況下でこそ,生徒は「これって英語で何と言うのだろう?」と思い,さらに「何だろう?」とアンテナを高くする。英語はコミュニケーションで使うために学ぶのではなく,コミュニケーションで使っていく中で学んでいくものだからだ。"English only"を掲げているからこそできることだ。

　平成25年度実施の高等学校学習指導要領で,「高校の英語の授業は英語で行う」という方針が発信され話題になった。平成25年12月には「グローバル化に対応した英語教育改革実施計画」の中で,中学校でも「授業を英語で行うことを基本とする」方針が打ち出された。これについて,「生徒の理解度が落ちる」「日本語で説明しないと生徒が不安になる」などの声を聞くが,果たしてそうだろうか。このような不安をお持ちの先生は説明がメインの授業,もしくは先生ご自身が英語を使い授業をすることが目的になっていないだろうか。学習指導要領には「生徒が英語に触れる機会を充実するとともに,授業を実際のコミュニケーションの場面とするため,授業は英語で行うことを基本とする」と書かれている。つまり,授業の中で生徒が英語にたくさん触れ,英語を使う機会を増やすことが目的とされているのだ。教師の説明=生徒の学びではない。生徒自身による主体的な気づきこそが学びへとつながっていく。教師が話し続けるのではなく,生徒に英語を使わせ教室で英語が飛び交う状況をつくり出すことでも"English only"は可能となる。

使う場面とトレーニングの保障をする

　ルールとして"English only"を掲げても,英語を使用するのは活動のときだけ。実際に教

室内でも英語を使用できる場面で使えていなければ意味がない。よって，生徒が英語を使う場面をつくり，使いこなせるようになるためのトレーニングや使用機会を保障することが必要だ。

● Fun Phrase for the Week

　生徒達が英語を使うことに慣れてくれば，放っておいても語彙・表現を駆使してコミュニケーションを図るようになるが，そうなるまでは表現のインプットを行ったり英語を使いたくなる場面設定をしたりして忍耐強く我慢する。私が行っている活動の中で生徒に好評なのが，一週間でひとつ絶対に毎日使う表現を決め，授業以外で使うという活動"Fun Phrase for the Week"である。教科書の出現順で学習前後に新出表現を使わせるのは生徒にとっては負担が大きく，その場，そのときだけ使い，後は二度と出合うことがないという一期一会で終わってしまうことが多い。それを避けるために，大切な表現やフレーズを小出しにしながら使わせるようにする。生徒は，普段の生活の中でその表現を使うのにふさわしい場面を探し出し使うのだ。どういう場面が表現に適しているか考えることに意味がある。生徒の会話を聞いていると，日本語で会話していてもFun Phraseが飛び出してきたり，Fun Phraseを使おうと対話を英語でしたりしている。口頭で使う場面がなかった場合は，自主学ノートにSkitとして書く生徒もいる。過去に出てきたものも含め，授業でSkitをするときにも使っている生徒が多く，まさに「繰り返して使う」を実践している姿だ。また，そうした言語使用の中でキラリと光る表現を生徒達がしていくのに出会うことが多い。

● 授業のあらゆる場面で英語を使用する

　先にも述べたが，生徒が英語を使う場面は授業の中にいくらでもつくり出すことができる。例えば，

---

①教師の投げかけへの応答
　"Are you ready?" "Sure. / Ready!"
　"Have you finished?" "Yes. I have. / No. Not yet."

②プリントを配付するとき
　"Here you are." "Thank you." "My pleasure."

③グループで活動を始めるとき
　"Let's start. I'll read first."

④つぶやきたいとき
　"Oops!" "You got me." "Oh, no!"

などが挙げられる。こうした表現は，どんな活動時でも出てくるものだ。いつでも使えるので自然な場面の中で使い身につけさせることが可能だ。現在完了形でも場面で理解でき使えるものは１年生からどんどん使わせるといい。教科書の基本文として出てきてから使うというスタンスでは，生徒の表現の幅は広がらない。活動の節目になる場面で英語を使うことで，クラスに一体感が生まれ，教師と生徒がつながるチャンスともなる。言語使用力は学習者の気づきによって向上する。したがって，１年生でまだ分からないから簡単な表現を使うとかまだ教科書で未習だから出してはいけないなどの根拠のない慣例や指導法が生徒の成長に限界をつくっていることはないだろうか。私達が母国語を習得してきたように，周囲の大人からのたくさんのことばのシャワーを浴び同世代や異世代とのふれあいにより使い方を練習する。そんな中でちょっと背伸びした表現やそんないい方もするんだという気づきが一番生徒を伸ばす。私は外国語でも同じ過程を踏みながら習得することが一番力になる学び方だと思っている。

　私の生徒達は１年生４月から過去形や接続詞を含む文をバンバン使っていくので，授業参観に来られた先生やセミナーでビデオを観られた先生が２年生か３年生かと間違えるほどだ。その他の場面については，p.57からの Useful Expressions に場面別にして掲載してある。ちょっとした表現だが，生徒の発話を聞いていると，これは英語で言えるという表現が授業内外で溢れているはずだ。教師が気づいたときにタイムリーに英語にして，生徒に伝え全体でシェアしたり，または，表現を拾い上げ英語でどう言うかを生徒に考えさせたりすることもできる。例えば，上に挙げた独り言のようにつぶやく言葉や仲間を気遣う言葉は生徒がよく使うものだ。教師が拾い上げることができなかった表現で，生徒の手に負えないものや自分で解決できない表現については，Question Sheet を使わせ私に質問をさせている。言える手持ちの表現を増やすことで，生徒は達成感を味わうことができ，特に，応答の声を出すことはクラスの中の一体感も醸成し雰囲気もよくなる。もちろん，生徒に英語を使わせるのならば，教師の使用する英語も増えてくるはずだ。

　リストを渡した後も渡しっぱなしでは使えるようにならない。表現を使えるように，教師の後をリピートさせ発音練習したり，帯活動に組み込みペアで使う練習をしたりするトレーニングの時間をつくるとともに授業で使う場面をどんどん仕組む。使用場面が分かり言えるようになると楽しくなり，生徒は面白いように使うようになる。さらに定着を図るには，言えるようになった表現をノートに練習して書けるようにするとよい。教科書で同様の表現が出てくる箇所を探したり，特定の表現を使いスキットをつくり演じさせたりするのもよい。単体の技能でなく各技能を総合的に使い習得を目指したい。

English onlyを徹底する

★ English only
★ Growth Mindset
★こだわる

英語だけでやり切るという強い気持ちをもつ

　学習者同士でも英語だけで過ごすのだという強い気持ちをもたせることが必要だ。第二言語習得理論（白井恭弘）でも，教師が一番できることは生徒のモチベーションを高めることであると言われている。生徒が納得し，行動を変え行動を続けるには自分でやる気スイッチを押すのが最も効果的だ。モチベーションが高まった状態で，温かい人間関係に育まれた支え合う環境をつくり，楽しく力がつく効果的なアウトプットを行うと，できるという自信につながる。できるという自信が生まれると生徒達はさらに英語だけでコミュニケーションを図っていこうとするようになる。そのような状態まで個人と集団を高めるには先にも述べたように教師の忍耐力と先を見抜く力と英語を使って当たり前の環境づくりが必要だ。

モチベーションアップ

　以下が生徒が自らやる気になる6つのTipsである。

> **Tips**　①目標となるよいモデルを見る
> 　　　　②バックワードデザインでゴールが示されており進むべき道が明らかである
> 　　　　③共に頑張る仲間がいる
> 　　　　④アウトプットする場面がある
> 　　　　⑤自己関連性があり成長が実感できる（英語力・人間力）
> 　　　　⑥生徒が主役の授業デザイン

　p.24, 25, 27, 30, 31, 32, 34で示したものと共通するものが多いが，自己関連性がありゴールが明確なことが一番生徒のモチベーションを高める。もちろん個人差もあるが，どんなとき，どんな場面でもしなやかな気持ちで受け止めやる気になれるGrowth Mindsetをもち歩ませることが必要だ。

英語の基礎体力を鍛える

★暗誦で音・意味・文字の一致
★ Train SPR!
★自動化

徹底的に暗誦する

英語学習は外国語習得というスキルを鍛える側面もある。よって，出力を自動化することにつなげる語彙（表現）力とトレーニングが必要だ。それにはまず教科書を音読し，暗誦できるところまで英文をすり込むことだ。英文のイメージをつかみ目を閉じてでもすらすらと英文が出てくるようになることが一番の出力の礎となる。頭の中の引き出しに，多くの情報を整理しながら入れていき，いつでも引き出せるスタンバイ状態にしておくのだ。

授業の中で暗誦ができるようになるためのトレーニングを体験させ，やり方を学ばせた上で，家庭でもできるように導く。トレーニングは継続してこそ効果が出る。自動化も続けてこそ促される。途中に小さな目標を段階的に作り，小さな達成感を何回も味わわせながら進めるのが有効だ。達成感を小出しに味わえると，脳内アドレナリンのドーパミンが持続して放出されモチベーションが落ちにくい。

辛いと思われがちな暗誦を効果的に行うために，回数や量，時間を数字で残したりカードにスタンプをためたりと視覚化し残すことが有効だ。私は，保護者に聞いていただき音読と暗誦カードにサインをもらうシステムをつくっている。他者に関わってもらうことで継続しようという気持ちも高まる。トレーニングによる鍛錬と費やした時間が，自分がやったことはできるという自信になる。なお，これには保護者が現在の生徒の学びを知ることで保護者自身の英語学習が再燃し，関心をもっていただけ応援していただけるという大きなメリットつきだ。

暗誦したら必ず教師のところに言いに来させるとよい。生徒は覚えたら，覚えていることを披露したいと思うので，次々にやって来る。しかし，私の暗誦指導の真の狙いは，単に覚えているかのチェックではない。生徒が私のところに来ることで，発音や表現の仕方の個人指導をすることと，その際のやりとりを通しコミュニケーションを図ることが目的なのだ。私のところに来たら，暗誦以外にもいろいろな話をする。また，授業の中のペア・グループの音読トレーニングや数々のプレゼンで生徒の発音を聴く機会はあるが，やはり発音は個別に指導することで格段に良くなる。さらにこれが大きな自信となり，授業でアクティブになるのだ。

私は，生徒全員に全 Program 全 Part の暗誦を課し細かく発音も指導する。音と意味と文字を一致させなければ使える英語にはなっていかない。覚えればいいだけではなく，英語を正し

く発音し表現できるようにすることは中学校英語教師の大きな役割である。

　生徒には家庭学習の指針となる教科書本文を大事にしてもらいたい。

クイックレスポンスを身につける

　自動化を促すには，もうひとつ反応の速さが必要だ。速く反応するために，教師が指示や発問や生徒同士が対話をするときに，速く返すようにインタラクションの速度を上げることが大事だ。発話後，間を4秒あけてはいけない（4秒ルール）としている。これは沈黙が続くとネイティブが居心地が悪いと感じる間だ。また，返答に困ったときには，即座にフィラーや質問をし声を出して間をあけないように指導している。生徒達には合い言葉を"Train SPR! (*ShunPatsuRyoku*)"としてチャレンジさせている。

　具体的な活動で鍛える方法もある。まずは，中学校での言語材料を使ったクイックQ＆Aだ。10問を30秒以内で答えるなど時間を決め瞬時に判断・返答をさせる活動だ。ナンバーカウンティング，数字やアルファベット，お題に沿った語などを交互に言い合うペア活動も効果的だ。競わせると驚くほどの高速処理で言うことができるようになる。これらの活動で間髪入れずに英語を言う身体ができる。頭の中の引き出しに整理された状態で，インプットが完了したら，あとは，こうしたトレーニングで高速で，引き出せるようにするとよい。

　また，1年生半ば辺りからはチャットやモノログといった即興性を育む言語活動やインタラクションも有効だ。単に速く言う・返すがクイックレスポンスのゴールではない。高速処理できる脳になるように鍛えるのと同時に，前振りも準備もない状態で，臨機応変に英語を引き出し即座に対応できる即興力をつけることが最終目的地のひとつだ。

10　Active Listening 力をつける

★オーディエンスを育てる
★話しやすい雰囲気をつくる
★相手をフォローする気持ちをもつ

よい聴き手（オーディエンス・リスナー）になる

　誰かからの投げかけに対し，受ける相手が無言のままではコミュニケーションは成立しない。ここで，私が提示している10 Rules のひとつ "Reaction" が生きてくる。これは，相手の話すことを聴いているという意思表示をし，応答・反応することを宣言したルールだ。これが Active listening である。できる限り長く対話を続け，Friendly な空気をつくり出すために大切な要素だ。"Reaction" については，多々あるが，まずは小学校で使っていた "Really?"，"Me too." や相手の言ったことの繰り返し（エコー）などを中1初期には積極的に使わせる。ことばを返すことが当たり前の雰囲気にしておけばしめたものである。"Is that so?" や "I think so too." など徐々にバージョンアップ形を使わせ表現を増やしていく。こうしたやりとりを繰り返しながら，相手の言ったことに対してコメントしたり（"That's too bad!"），相手に働きかけたり（"What do you mean by that?"），話を促したり（"So what happened then?"）などの表現も使えるように仕組んでいく。よい話し手を育てるにはまずよい聴き手を育てることだと私は考えている。

傾聴する

　リアクションを返すには表現を知っていることはもちろん，相手の言うことを聴くことが必要だ。リアクションを徹底することでスムーズなコミュニケーションを図ることも可能となる。加えて，生徒が教師の話や指示，友達の語りに集中するようになるという副産物も生じる。

　相手の言うことに反応することで，リアクションを返す際に注意して指導したいのが，「間髪いれずに」だ。相手の言うことに対しリアクションを返すことができていても，間が抜けてしまっては，スムーズなコミュニケーションを行っているとは言えない。私は，生徒がペアやグループで活動するときだけでなく，私が話をする際にも必ず頷きや相づちをしながらリアクションを返すようにも指導している。自分が答えを求められた場面で答え方が分からない場合や，何を聞かれているか分からない場合は，フィラーと言われる「つなぎ言葉」"Well ....."，"Let me see." などを入れたり，「聞き返し」"You mean ...?"，"May I ask you a question?" などと尋ねたりして話が途切れないように努力させている。All in English を目指すのみなら

ず，授業を活性化させ一体感をもたせるためにも，リアクションを増やしいい学びの空間をつくるとよい。

こうしたリアクションを返すことを徹底していくと，詰まったときには仲間から小声でサポートが入ったり，"I guess ○ wants to say …, right?" と助け舟が出たりするようになる。このような生徒の言動は気づきの宝庫だ。それが仲間の大きな学びにもなるのだ。リアクションで声を出しながら生徒同士や生徒と教師がつながる空気をつくっておくと，いい関係が醸成され支え合う集団となることができる。

発音できるものが聴き取れる

小学校に外国語活動が入ってからは随分減ったかもしれないが，英語らしい発音をしたり声を出したりすることへの抵抗がある場合もあるだろう。そういうときには，「英語らしい発音をすることを求められる理由」，「英語らしい発音をすることの効果」や「声を出すことのメリット」などを提示するとよい。

私は次のような体験を生徒にさせ，発音と声を出すことへの抵抗をなくし，目的と意義を伝えるようにしている。映画のワンシーンを見せ聴き取りをさせるのである。初めは部分的には分かる単語や表現はあっても，全てを聴き取ることはできない。そこで，ある程度聴き取れた語彙を出しシェアした後で正解の英文を提示する。提示した英文をスラスラ言えるようになるまで全体練習と個人練習を繰り返す。1年生であれば，まだ文字を書くことができないのでここまでで終わる。2年生，3年生であればこの後に音読筆写をさせる。ぶつぶつ言いながら英文を書いていくのだ。時間差があまりできないように書く回数は5回程度とする。そうした練習をした後，再度そのシーンを目を閉じて聴いてみる。そうすると，不思議なことに初めは聴き取れなかった箇所がクリアにゆっくりと聞こえるようになるのだ。ほとんどの生徒が驚嘆の声をあげる。全員が，「ゆっくり聞こえた！」「はっきりと聞こえてきた！」「何を言っているか分かった！」と口々に言うのだ。そこで，英語を聴き話せるようになるためには何が必要なのかを再度考えさせる。自ずと生徒は体験したことから答えを導き出してくる。実際にこうした経験をさせてみることで，生徒達は納得して声を出し発音も意識して授業の活動に臨むようになる。

また，生徒は必ず家に帰ってこの体験を保護者に話している。ある生徒が，「先生に魔法をかけてもらったんよ！」と言ったものだから，保護者から，「どんな魔法をかけてくださったのですか？」と質問されたこともある。保護者がこの活動を自分も体験してみたいとおっしゃったので授業参観のときに生徒達と一緒に実際に体験していただいた。こうして保護者にも英語熱が再燃し，英語を学び始めたという方も多数いらっしゃる。

11 協同学習の場面を取り入れる

★学習形態の工夫
★学ぶことから逃げない生徒に
★インタラクション型へ

個・ペア・グループで学ぶ

　活動の最中に迷子になってしまう生徒がいないだろうか。そんなとき一方的に教師が説明し引き戻すのではなく生徒同士で乗り越えさせる工夫が必要だ。共に課題に取り組み，自分の学びと仲間の学びを最大限に高める。それが協同学習である。英語使用の不慣れ（スピードや未知の表現使用）の戸惑いからの迷子には，"What did I tell you? Please check what I told you with your partner." "Please check what you're going to do with your partner." などの投げかけで仲間と確認をさせるとよい。ペアでは厳しそうな場合，"Can you check what I told you in your group?" などの投げかけを行う。あまり自信のない生徒は他ペア・グループの話に何気なく耳を傾けており，その話を聞き「そうなんだ！」と分かったり「よかった！　合ってた！」などの確認ができたりすることもある。学年初めは特に，ちょっとした確認を入れると生徒も安心して授業に臨めるようになり，生徒同士の支え合う関係性を育むことにもなる。中には，生徒が分からない反応をすると，英語で指示を出した直後に日本語で説明，反復をする先生がいる。これでは生徒は英語を聴き理解しようとはしなくなる。英語の指示を聴き理解して活動できるようにするために，忍耐強く待ち繰り返すことが大切だ。

インプット型からインタラクション型へ

　伝統的な生徒受け身で知識伝達のインプット型授業から生徒同士の関わりを重視したインタラクション型授業がアクティブ・ラーニング（AL）の中でも求められている。ALとは，思考を活性化する学習形態で，実際にやって考える，意見を出し合って考える，分かりやすく情報をまとめ直すなど活動を介して深く理解することやできるようになることを目指すものだ。協同学習の中では当たり前に行われることである。英語授業では，協同学習による言語活動が英語力を伸ばすと同時に自己理解・他者理解・共感性・対人交渉力といった社会性にも寄与し，生徒の学び方が変わることで自律的学習者へと育っていく。

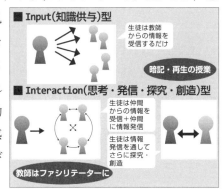

12 協同学習で自律的学習者を育てる

★ Learn from friends!
★ ZPD
★ Learning-centered

ペア・グループでの言語活動を行う

　ペアやグループはインタラクションを図りやすく主体性を育みやすい学習形態でもある。一人では困難なことも友達と頭を寄せ合うことでできる（ZPD）という体験の積み重ねをたくさんさせることが生徒の大きな自信となる。実際に生徒に英語を使わせる授業をしていく前提で考えると，Task Based Language Learning（問題解決型学習）やContent and Language Integrated Learning（CLIL）型が活動を行われるはずである。そこに協同学習は欠かせない。Daleの「経験の円錐」によると，受け身で聞いたこと読んだだけのことは20％しか記憶に残らないが，自分が話したこと説明したことは70％も覚えている。また外国語習得に関しては，Nationによると同じ位のレベルの学習者と話すことが，心理面で安定するので一番話す力が向上するとある。

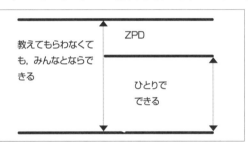

　ここで私が述べる協同学習は，単に確認作業や役割分担をするグループ学習とは異なることを確認しておきたい。基本的な考えとして，「①生徒の学び合う関係づくり　②教科としての真正の学び（Authenticity）　③高いレベルの学びの実現」の3つが備わっている学習，Collaborative Learningのことを指す。

自ら学び続ける自律的学習者に育てる

　言われたことしかやらない，指示を待つだけの依存的学習者ではなく，なりたい姿を明確にし自分の意志で取り組むことができる自律的学習者を育てたい。こと細かく指示を出し手取り足取りのスプーンフィーディングの授業をしている先生は生徒達を指示待ちの依存的学習者にしてしまいがちである。自律的学習者を育てるために，ゴールを示し見通しをもたせ，仲間と共に乗り越えさせる活動や発問を仕組む。そうすると到達を目指し努力するようになる。特に，協同学習を行うと生徒同士で考え取り組むので学び方を身につけるようになるのだ。英語を使える生徒にするには，自ら学んでいく姿勢をもっていることが不可欠である。

　自律的学習を促すTipsとして，HolecやCotterall and Crabbeは次の5つを挙げている。

Tips ①目標を設定する
②学習内容を決定する
③学習方法を選択する
④学習状況をモニタリングする
⑤学んだことを振り返る

日本のグループ学習の分類	集団学習 Collective Learning	班学習
	協力学習 Cooperative Learning	話し合い学習（ケーガン，ジョンソン＆ジョンソンの理論）
	協同学習 Collaborative Learning	グループ学習（ヴィゴツキーやデューイ，ノディングズの理論）

（佐藤（2014）をもとに筆者作成）

協同学習に関するアンケート結果（平成26年度広島市立早稲田中学校3年）

協同学習（CL）に取り組む4人の先生と生徒（302人）にアンケート（2015年1月）								
	4校の条件の違い							
	学年	人数	実施期間	CL実施	授業研究会	全体的学力	CL歴	性別
A中	中3	78	10ヶ月	英のみ	×	中	6	男
B中	中3	51	2年10ヶ月	全校	○	中	12	女
C高	高3	57	2年10ヶ月	英，その他	○	低	7	男
D高	高2	116	1年10ヶ月	英のみ	×	中	6	男

協同学習（全体での活動とペア・グループの活動の組み合わせ）の効果は？
質問項目に対し，
　ア．そう思う（4点）　　　　　イ．どちらかというとそう思う（3点）
　ウ．あまりそう思わない（2点）　エ．全くそう思わない（1点）

A 効果が高かった項目（協同学習により）　　　　　　　　　4校平均　　B中平均
　○学ぶ意欲が高まった　　　　　　　　　　　　　　　　　3.4　　　　3.9（+0.5）
　○学習に対して積極的になった　　　　　　　　　　　　　3.3　　　　3.8（+0.5）
　○英語力が高まった　　　　　　　　　　　　　　　　　　3.3　　　　3.8（+0.5）
　○コミュニケーションや対人技能が高まった　　　　　　　3.3　　　　3.8（+0.5）
　○多様な考えを受け入れる力が高まった　　　　　　　　　3.3　　　　3.8（+0.5）
　○自分で考える力が高まった　　　　　　　　　　　　　　3.2　　　　3.8（+0.5）
　○英語学習がより好きになった　　　　　　　　　　　　　3.1　　　　3.8（+0.7）
　○親しくなかった友達と一緒に学ぶ気持ち高まる　　　　　3.1　　　　3.6（+0.5）
　○授業や学校生活により安心して取り組める　　　　　　　3.1　　　　3.6（+0.5）
　　＊4校平均で3を超えているかどうかで分類。
B 効果があまり高くなかった項目（同上）　　　　　　　　　4校平均　　B中平均
　△学校がより好きになった　　　　　　　　　　　　　　　2.9　　　　3.4（+0.5）
　△自分への自信が高まった　　　　　　　　　　　　　　　2.8　　　　3.3（+0.5）
　△自分を信頼する気持ちが高まった　　　　　　　　　　　2.6　　　　3.1（+0.5）

埼玉大学大学院英語教育専修の根岸恒雄先生の研究に協力をさせていただいたときのデータ。
B中が早稲田中学校。

協同学習実践の工夫

①導入の工夫	1	授業の初めに本時の学習課題（目標）を提示している。
	2	学習課題は端的に表現しようとせず，生徒が理解できる表現でていねいに記述している。
	3	「学び方」「学び合いの仕方」などを本時で伸ばしたいときは，学習課題として授業の初めに示している。
	4	協同的な学びを促すために，クラスの仲間全員が目指す姿として「クラスの目標」を示している。
	5	学習課題を示すときは，それを学ぶことで何が得られるか，どう役に立つかなどその値打ちを生徒が分かるように伝えている。
	6	1時間の学習順序と学び方を予め知らせることで，生徒に見通しを与え自分の活動をイメージさせている。
	7	こうすれば分かっていけるのだという道筋を加えることで，成功への期待感をもたせている。
	8	新しい単元に入るときには，その単元の学習内容と学習スケジュールを生徒に明示している。
	9	新しい単元に入るときには，生徒に学びたいと思わせる課題（タスク）とその導入を用意している。
	10	集団に与える課題は，全員参加が可能になる適度な困難度にしている。
	11	学習課題を，挑戦を含む，高めの期待に基づく水準で設定している。
②展開の工夫	12	一斉形態の授業中の，教師の発問に対する回答は，仲間に向けた形で発表するようにしている。
	13	個別のドリルなども仲間の学習状況を全員が共有するように協同原理のもとで進めている。
	14	1時間の中の学習のどの活動も，生徒に課題意識と目的意識をもたせている。
	15	グループでの話し合いの前に，個人で考える時間を適切にとっている。
	16	1時間の授業の流れは「教師による課題の提示」「個別（ペア）活動」「グループ活動」「全体交流」「ペア（グループ）のまとめ」「振り返り」の6 Stepを基本としている。
	17	全体交流では，生徒の発話を重視し生徒の意見や考えを導き出すようにしている。
	18	グループの話し合いの結果を活用し，練り上げるステップを導入し，より高いレベルの学習を促している。
	19	学級全体の話し合いでは，生徒達が直接意見を交わし合うスタイルをとっている。
	20	交流では，ジクソー法，スクランブルなど生徒の力を組み合わせ高め合わせる多様な工夫をしている。
	21	授業の最後には，学習内容を個に返し，学びは自分が変わることであり，自分のことだという同時学習を促している。
	22	授業の終わりに教師が総括的な解説をしないまとめ方（終わり方）をしている。

	23	1時間の自分の学びの過程と，仲間の自分に対する貢献が分かるような振り返りをしている。
	24	ワークシートをファイルし，学びのポートフォリオとして活用している。
③グループ活用の工夫	25	グループでの話し合いにおいて，そのゴールが明確に示された課題を与えている。
	26	グループ編成は教材や課題，生徒の実態に応じて柔軟に編成替えをしている。
	27	性別も含め生徒達のさまざまな特性が異質であることが効果的であると踏まえた上でグループ編成をしている。
	28	グループサイズは基本4人としている。（4人ができないときには3人）
	29	学習形態は，1時間の授業の中でも，学習内容に即した最適の形に変化させている。
	30	グループの机の合わせ方，教室内での机の並べ方では，学習集団として一体感のある形にしている。
	31	グループになって集まるときには，近い距離で活動ができるような座席配置にしている。
	32	司会・記録など役割分担制にしていない。
	33	グループの意見を集約する場としてホワイトボード等を用いている。
	34	教師は生徒が考えを共有する時間を設定し，基本的にその時間を守っている。
	35	生徒が一旦グループ活動に入ったら，教師の介入は最小限に止め，観察を基本としている。
	36	グループへの助言は，深まりと広がりを促すものに限り，教えないようにしている。
	37	グループ活動を効果的に進めるために，活動内容に応じた効果的な手順を教師が提示している。
④学習集団づくり	38	学級の規律は，「共に育つ」という基本原理に基づいて項目設定をしている。
	39	学級集団づくりのために，授業だけでなく，特活，道徳をはじめとする生徒の学習活動が明確な目的をもった課題解決行動となるような設定をしている。
	40	学級づくりにかかわる班目標を生徒達が毎日設定し，評価し，次の目標を立てるというサイクルを班会議を軸にしている。
⑤まとめの工夫	41	学習内容のひとまとまりごとに，生徒自身が自分の学びを振り返る機会を設定している。
	42	自己評価による振り返りの評価基準を鍛えるために，教師や仲間からの相互評価の情報を活用させている。
	43	振り返りは，労力面だけでなく，グループや学級といった集団での取り組みの過程についても行うようにしている。
	44	教師自身が実践を高めていく研究的実践のための評価の工夫をしている。

（杉江修治著『協同学習入門　基本の理解と51の工夫』（ナカニシヤ出版）を参考に筆者作成）

13 帯活動でルーティン化する

★ルーティンワーク
★フォノロジカル・ループ
★タイムマネジメント

帯活動でしつこく繰り返す

　4技能をバランスよく習得するには帯活動が絶大な効果を発揮する。帯活動は，単元・時に関係なく毎時間行う活動である。私は活動と活動のつながりをもたせながら，後半のメイン活動との接続も考えた構成にして毎時間しつこく繰り返す。1時間で培うことが難しい力を継続的，系統的な取り組みにより育てることが第一の目的だ。そして，帯活動の中では，インプット活動だけではなくチャットやリテリング，モノログなどのアウトプット活動を行い，アウトプットする中でインプットとインテイクが起こるようにしている。教師がしなくてはいけないのは，生徒達にとって短期間で習熟・定着しづらいものが何かを見極めることだろう。活動が固定されることで，特に発達障がいをもつ生徒達には取り組みの見通しがたち安心して活動に集中することができる。私の帯活動では，「英語の時間にはこれ！」とルーティン化されるため，生徒達のやる気にも火がつく。帯活動のメリットを以下に挙げる。

・活動が固定されるので，生徒は見通しをもち取り組むことができる（安心感）
・無駄な時間がなくなる（スピード感）
・繰り返しにより親しみが湧き自信をもち活動することができる（単純接触・条件反射）
・困難だと思う活動があっても，次の活動でリセットすることができる（切り替え）
・繰り返しにより困難項目も復活することができる（既習事項の定着）
・出力を自動化するベースを培うことができる（メイン活動への自信）
・生徒実態に応じて活動を組みかえやすい（補強）

繰り返しで自信をつける

　エビングハウスの忘却曲線によると，学習したことは「20分後には42％，1時間後には56％，1日後には74％」も忘れる。非常に残念な忘却曲線だが，これをくい止め定着させていく方法がある。それが「毎時間教師がしつこく英語を使い，生徒に繰り返し英語を使わせること」だ。授業の中で，新出の言語材料や表現は一度使ったらもう二度と出てこないし，使う機会もない

という一期一会現象が起きてはいないだろうか。大人でも一度しか出合わなかったことは、よほど印象的なことがないと記憶には残らないだろう。だからこそ、ことばとの最初の出合いを大事にし、意図的に使う場をつくり出し、使う機会を多く仕組む必要がある。

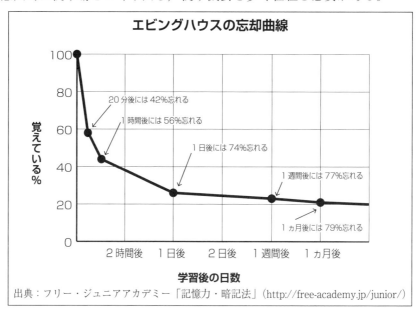

　下図は50分の授業の流れだ。学年・時期で内容・時間は異なるが基本的に時間は15分〜20分かけ、長期間継続して行う。50分の縦軸だけでなくバックワードデザインで横軸も考えた構成だ。帯活動の中のVocal exerciseは生徒のルーティンワークになっている。授業開始前から発声と上半身の柔軟を行い英語モードのスイッチを入れる。帯活動の中に4技能がバランスよく配置され、各活動のつながりも大事にし、かつ統合型のアウトプットになるように仕組んでいる。メイン活動では、①②の視点を重視し、帯活動以上に生徒の思考を促す探究的な内容を扱う言語活動（ジャンプの課題）を配置するようにしている。

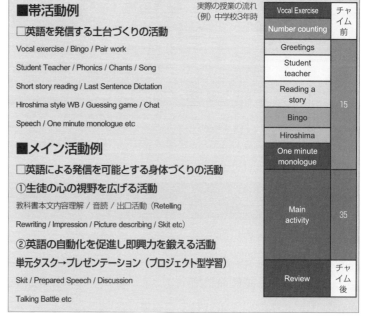

帯活動の生徒アンケート結果

・広島市立早稲田中学校　平成24年度　1年生（3月）

順位	力になったと思う活動	興味をもって取り組めた活動	一番楽しい活動
1	Skit*	Chants*	Chants*
2	Reading（音読）*	Bingo	Skit*
3	Chants*	Skit*	Bingo
4	Chat*	Reading（音読）*	Talk and Talk
5	Student teacher	パパイヤジュース	Story retelling*
6	Reading（読解）*	Story retelling / 英作文*	電子辞書を使った活動

・広島市立早稲田中学校　平成25年度　2年生（3月）

順位	力になったと思う活動	興味をもって取り組めた活動	一番楽しい活動
1	One minute monologue*	Chants*	Chants*
2	Reading（音読・読解）*	One minute monologue*	Bingo
3	Student teacher	Skit*	Talking battle*
4	Skit*	Talking battle*	Skit*
5	Reading (Jaremaga)*	Bingo	Story retelling*
6	Talking battle*	Student teacher	Reading (Jaremaga)*

・広島市立早稲田中学校　平成26年度　3年生（3月）

順位	力になったと思う活動	興味をもって取り組めた活動	一番楽しい活動
1	Two minutes monologue*	Skit*	Chants*
2	Discussion*	One minute monologue*	One minute monologue*
3	Retelling*	Bingo	Bingo
4	Student teacher	Retelling*	Picture describing*
5	Reading（長文読解）*	Discussion*	Student teacher
6	Reading（音読）*	Reading（音読）*	ペア・グループで協力した活動*

＊は協同学習によるもの

◆ Ebisu style class design

■帯活動による毎回の繰り返し＋★統合型言語活動
■基本事項の定着，トレーニング，アウトプット中心
（アウトプット→気づき→インプット→インテイク→ジャンプ→アウトプットのスパイラル），
インタラクション
★ゴールとしての教科書内容の出口活動
（生徒の心と頭を揺さぶるものに）
教師がつけさせたい力や伝えたい内容を盛り込んだアウトプット中心の統合型言語活動
(Speech / Skit / Retelling / Rewriting / One minute monologue / Discussion / Talking Battle(Debate) / Dictogloss などと Sunshine English Course の My Project や本課，POWER UP シリーズを絡める)

14 技能統合型言語活動を取り入れる

★点→線→面
★自己関連性
★段どり力

技能統合型の特徴とメリット

　国が「グローバル化に対応した英語教育改革実施計画」を打ち出し，小学校における英語教育の拡充，中学校・高等学校における英語教育の高度化と英語力向上を目指した取り組みを打ち出している。新学習指導要領でも，中学校の英語の授業において４技能を統合的に活用した指導を通し総合的な力を習得することが求められている。

　統合型の言語活動の特徴としては次の５つが挙げられる。

①自然で実際のコミュニケーションに近い
②言語活動が内容中心となる
③英語力を定着させ活用させる
④仲間との関わり合いが生まれる
⑤言いたいけど言えない体験をする

　また，私の生徒達のアンケートや彼らの実績からメリットとして次の５つを挙げたい。

①発信力・表現力がつく（Speaking 力 / Writing 力の向上）
②受信力・聞く力がつく（Listening 力 / Readning 力の向上）
③「伝えたい」という気持ちが向上する
④多様な考え方が身につく
⑤個性の認め合いが生まれ，絆が進化する

　技能統合型言語活動としてリテリング・スピーチ・ディスカッション・ディベートが思い浮かぶ。これらを行うことで，必然的に生徒も教師も英語を使うようになり英語が飛び交うアクティブな教室となる。技能統合型言語活動は，これまでに生徒が点で学んだことを線でつなぎ，継続して行うことで線が面になる活動だ。さらに，生徒が英語ということばに興味をもち，仲間と学ぶ中で他者と関わり合う力を鍛え，人として成長していく大きな力にもなるものだ。

Chapter 3
生徒をしっかりサポートする教材づくりのルール&Tips

1　Classroom English List で英語での理解を促す

★Teacher's Talking Time ＜ Student's Talking Time
★場面別・機能別表現のリスト化
★できるようにさせる

英語を通して理解させる

　All in English を可能にするには，まず生徒が英語を聞いて理解できなければならない。授業では，「挨拶」や「指示」，「投げかけ」など教師がことばを発し，生徒からの応答を促す場面がある。そうした表現の中には，決まった定型表現も多い。また，授業だけでなく日常表現としても有効な語彙や表現も多数ある。中には書けるようになることが求められるものもある。
　教科書の初めのページにもいくらかの表現をまとめているところもある。そういった表現をリストアップし，場面や機能別にカテゴリーにまとめ週や月ごとの表現集にしてしまうとよい。このリストを活用することで生徒は聞いて分かる表現と使える表現を増やしていくことができるようになる。教師自身も自分の使用英語表現と英語使用量を検証する機会とすることもできるだろう。

生徒の英語使用場面をたくさんつくる

　英語が飛び交う授業にするには，授業の主役である生徒自身が英語を使わなくてはならない。前項のように教師側のリストと同時に生徒の使用表現をリストにする。過去の生徒のアンケートから，「こんな表現も言えるようになりたい。使えるようになりたい」といったものも含まれている。教師が気づかないような生徒同士のやりとりの中で身につけたい表現も出てきて，生徒の実態把握にも役立つ。
　もちろん，そのときの現役の生徒にも使ってみたい表現アンケートをとり，小出しにしながらどんどんリストの表現を増やしていく。授業中に尋ねたい単語や表現が出てきた場合は，辞書で調べさせるか，予め"How do you say … in English?"をインプットしておき尋ねるようにさせるとよい。生徒達は，理解する必要があり，さらに自分達が使いたいと思い，使う必然性がある表現だからこそ身につけようとするのだ。
　リストにすることで，生徒達は使用表現のバリエーションを整理しながら使っていくことができるようになる。自分が使える表現を少しずつレベルアップさせながら習得していくので，1年生ながら2年生や3年生で使用する表現も使えるようになっていくのである。これが，生

徒が自信をもち英語を使う手助けとなり，また生徒をアクティブにし授業が活性化していく要素ともなっていく。リストについては，p.57からの表現集を参考にしていただきたい。

● 英語のシャワー（必要な表現をしつこく繰り返す）

　授業で教師が使用する表現には，決まった定型表現と説明などその場で臨機応変に使用する表現と大きく2つある。All in Englishへ導くために，まずは定型表現を繰り返し使用するとよい。

　多くの先生方が定型表現さえも日本語で行っている場合が多いようだ。定型表現には，授業中の指示，褒めことば，依頼などの表現がある。教師が基本的な表現を繰り返し使用し少しずつ表現の幅を増やしていくとよい。また，前述したティーチャートークも上手く活用したい。教師が使用する表現の中から生徒は学び使えるようになっていくのだ。シャワーも毎日浴びなければ身体の汚れもとれず肌つやも悪くなってしまう。英語のシャワーも同じだ。質の良い英語を毎日浴びせかけ，生徒の英語も教師の英語も磨いていきたい。

● Phonological loop（フォノロジカル・ループ）

　どの教科の学習も，単発で行った内容に関しては，よほど印象深いものでない限り定着がよくない。エビングハウスの忘却曲線からも明らかだ。一度出てきたことについては，繰り返し練習し学習することが定着への近道である。特に外国語の習得には繰り返し何回も出てくることが定着の必須条件なのだ。

　また，脳の働きも最大限に活用して学習をするようなトレーニングや活動を仕組むとよい。脳には理解系，伝達系，思考系，感情系，聴覚系など働きが8つのエリアに分かれていると言われている。特に外国語学習のカギは伝達系である。コミュニケーションを通じて意思伝達を行う働きをするのだが，この伝達系を軸に他のエリアとのネットワークを強化している。外国語習得には聴覚系と伝達系をつなぐフォノロジカル・ループの強化をするとよい。フォノロジカル・ループはワーキングメモリの一部である。何回も繰り返して，フォノロジカル・ループを強化することで，短期記憶から長期記憶へと入る。

　以上のことからも，帯活動を軸にいろいろな場面で繰り返し何回も英語の表現に出合うことは学習と外国語習得の上で理に適っていることが分かるだろう。

2　場面別の表現リストをつくる

★英語回路
★フォーカス・オン・フォーム
★言いたいけど言えない体験をさせる

Useful Expressions

　生徒が使える英語を増やし表現力を磨いていくために，私は「Useful Expressions」という表現集を作成している。これには授業のインタラクションの中でよく使用するものを中心に，さまざまな表現を場面別で盛り込んでいる。

　これは，これまで英語の教師になってから年度当初にずっとアンケートをとり続けてきた「どんなことを英語で言えるようになりたい？」と，授業を進めていく中で生徒から出た質問，生徒が自分で調べて使った表現，自主学ノートに生徒が書いた英文をもとに作成したものである。生徒達自身から出た使えるようになりたい（使った）表現なので，リストにしたときの重みがある。これをカラーの紙に印刷し配付すると生徒達にとっては特別なリストとなる。早稲田中学校では青い紙に印刷していたので「ブルーシート」，井口中学校では橙色の紙に印刷しているので「オレンジシート」と名付けている。カラーの紙に印刷したものは生徒も大切にする。

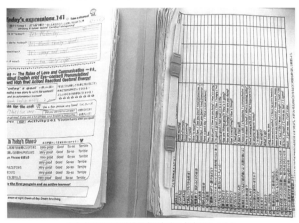

広島市立井口中学校平成27年度１年生のファイル

リストを使って英語表現を定着させる

　この表現集も渡すだけでは使えるようにならないので，使う場面を意識してつくり出すことと，リスト化した段階で音読やディクテーションなどで定着を促すようにしている。加えて，実際の発話の際に自信をもって使えるようにするために，年度初めにはレスポンスパターンやクイックレスポンスなども一部分トレーニングとして帯活動の中に入れるようにしている。英語回路をつくるために，頭で考えて英語を絞り出すのではなく，反射的に英語が飛び出すような状態にしたいからだ。即興モノローグや即興チャットなどでどんどん自分の考えや思いを発信するベースにもなり，詰まったときの言い換えや話をつなぐエッセンスとしても有効だ。

フォーカス・オン・フォームで英語をインプットする

　使う必然性が出た場面でその都度既習事項と関連付けながら使わせたり，生徒自身が必要だと感じ身につけたいと思う表現を理屈抜きでインプットしたりするなどは，言語習得の理に適っている。まさに幼児がことばを話せるようになっていく過程と同じである。こうした帰納的方法によって表現をアウトプットしていくと生徒は言語形式に気づくようになる。それを繰り返すことで言語習得が行われていくのである。これをフォーカス・オン・フォームと言う。

　私の生徒は１年生の５月の段階で，代名詞（主格・所有格），be 動詞と一般動詞の現在形・過去形の肯定文・疑問文・否定文，I think that …, when の入った接続詞，現在完了の応答などを適切な場面の中で使えるようになる。文法的な説明をしなくとも，ことばを使っていく中で，「こういうときにはこう言うんだ」と表現として理屈抜きでインプットされてしまうのだ。だから，言語材料（新出文型）の導入やパターンプラクティスをする必要がなくなる。授業で扱う教科書のページに入るときには，もうすでに生徒達は何回もターゲットになっている文型をスピーキングやライティングでアウトプットしたことがあり，授業中のインタラクションによってリスニングしたりブルーシート（オレンジシート）などで音読したりして使える状態になっているのだ。だから，教科書本文を取り扱うときには，純粋に内容のみにフォーカスし，ストーリーを楽しみながら読んだり深く考え思考を促したりすることに時間をたっぷりとかけられるのだ。また，ストーリーをリテリングしたり感想を述べたり，学んだ内容を軸にしてディスカッション，ディベートなどの自己関連性の強いアウトプットもふんだんに行うことができる。こうしたアウトプットがまたさらに質の高いインプットとなる。

　言語形式を重視する指導では，文法規則をひとつずつ教科書の順番どおりに教えていく。そのような指導をする先生方は教えたことがそのまま生徒の頭に残り習得されると思いがちである。そして，そういう指導をする先生方は生徒が出合う英文から未習の語彙や表現を取り除き，既習事項のみを使い指導することに重きを置きがちだ。それでは，言語習得に必要な気づきを生み出すことはできない。一般的に学年が上がるにつれ，先に明示的に言語材料を示す方が習得がいい傾向があるようだが，生徒の実態と取り扱う言語材料によって定着がよいやり方を見極めるとよいと思う。

No.1 Useful Expressions ～ Greetings ～

	こんな表現言えるかな？	Expressions	聞いて理解できる	英語で言うことができる	英語で書くことができる	Teacher's Check
1	おはよう！	Good morning!				
2	こんにちは！	Good afternoon! / Hello! / Good day!				
3	こんばんは！	Good evening!				
4	やあ！（いつでもできる挨拶）	Hi! / Hello! / Hey!				
5	初めまして	Nice to meet you.				
6	授業終了・別れるときの挨拶	Good bye. / See you (next time / tomorrow).				
7	6への返答	Good bye. / See you (next time / tomorrow).				
8	別れるときの挨拶	Have a good day. / Have a nice weekend.				
9	8への返答	You, too.				
10	ご機嫌いかが？・調子はどう？	How are you? / How are you doing? / How's it going?				
11	いいよ（すごくいいよ・楽しいよ・いいよ・お腹が減ってるよ・暑いよ）	I'm good (great / happy / fine / hungry / hot).				
12	とてもいいよ・悪くないよ・ちょっと……	Pretty good. / Not bad. / I'm a little ….				
13	調子はどう？	How are things going?				
14	調子はどう？	How are you feeling?				
15	調子はどう？	How's everything? / How're things?				
16	すごくいいよ！	I feel great!				
17	あまりよくないんだ	I don't feel well. / Not very well.				
18	風邪をひいているよ（頭が痛いよ・お腹が痛いよ）	I have a cold (a headache / a stomachache).				
19	今日の欠席は誰？	Who is absent today? / Who's missing today?				
20	○はどうしたの？	What's wrong with ○? / What happened to ○?				
21	今日は誰か欠席がいますか？	Is anyone absent today?				
22	○が欠席です	○ is absent.				
23	大丈夫	You alright? / Are you OK?				
24	どうしたの？	What's up?				
25	久しぶりだね	It's been a while. / Long time no see.				
26	一枚余りました、二枚余りました	I have one extra handout. / I have two extra handouts.				
27	もう一枚ください、もう三枚ください	Please give me one more handout. / Three more, please.				
28	相手の言ったことに同意し、相づちをうちたいとき	I see. / Yes. / Oh! / Wow! / All right. / Sure! / OK!				
29	相手の言ったことに同意し、相づちをうちたいとき	Uh huh. / Yeah! / I think so too! / I agree!				
30	すぐに返答ができず、間をつなぎたいとき	Well …. / Let me see. / Let's see. / Yeah …. / Let me think ….				

自分の理解度を確認しよう！
それぞれの項目についてできるものには○を、できないものには×をつけよう。×がついたものは○になるように何回も繰り返して練習しよう。
Teacher's Checkの欄に先生のチェックを受けて合格していこう！

Chapter3　生徒をしっかりサポートする教材づくりのルール＆Tips

No. 2 Useful Expressions ~ Compliment 1 ~

	こんな表現言えるかな？	Expressions	聞いて理解できる	英語で言うことができる	英語で書くことができる	Teacher's Check
1	褒めことば	Good! / Wonderfull / Excellent! / Great!				
2	褒めことば	Cool! / Well done! / Super! / Perfect! / Awesome!				
3	褒めことば	Brilliant! / Marvelous! / Gorgeous! / Beautiful!				
4	褒めことば	Lovely! / Creative! / Fantastic! / Outstanding!				
5	よくやった！	Good job! / Well done!				
6	がんばったね！	You did a great job! / Nice effort! / You tried hard! / Good try!				
7	いいぞ！	Nice work!				
8	いいねえ！	Sounds good!				
9	いいよ！	That sounds good!				
10	いい考えだ！	Nice idea!				
11	いい考えよ！	That's a nice idea!				
12	なんてすごい考えなの！	What a super idea!				
13	なんていい感じなんだ！	How cool!				
14	やった！	Lucky you! / You did it.				
15	ラッキーデーだね！	It's your lucky day!				
16	よくやった！	Way to go!				
17	きみを誇りに思うよ！	I'm proud of you!				
18	わお！	Wow!				
19	すごかったなあ！	That was awesome! / That was amazing! / Wonderful!				
20	きみは英語が得意だね！	You are good at English!				
21	ガッツがあるね！・腹が据わっているね！	You've got guts!				
22	そのとおり！	That's right!				
23	そうだよ！	That's the way!				
24	がんばってやってみよう！	Keep on trying! / Strive! / Let's keep working at it!				
25	それだよ！	That's it!				
26	がんばれ！	Keep it up! / Try hard! / Keep working! / You can do it!				
27	よくやったね！	Good job! / Well done!				
28	いい考えだ！	Good thinking!				
29	ラッキーだね！	You're lucky!				
30	やったね！	You did it!				

自分の理解度を確認しよう！
それぞれの項目についてできるものには○をできないものには×をつけよう。×がついたものは○になるように何回も繰り返して練習しよう。
Teacher's Check の欄に先生のチェックを受けて合格していこう！

No. 3 Useful Expressions ~ Compliment 2 & Encouragement ~

	こんな表現言えるかな？	Expressions	聞いて理解できる	英語で言うことができる	英語で書くことができる	実際に使った	Teacher's Check
1	一生懸命やったね	You tried hard. / You gave it everything.					
2	良くなったよ	You got better.					
3	良くなっているよ	You're improving.					
4	その調子でがんばって	Keep up the good work.					
5	よくやったね・ベストを尽くしたね	You did your best.					
6	自信をもって	You are confident.					
7	なんてすごい考えなんだ！	What a great (a good) idea!					
8	いい考えだ！・よくがんばった！	Good idea! / Good effort!					
9	よく考えたね	Nice. / Good. / Great imagination.					
10	いいぞ！	Nice one!					
11	よくやった（努力した）	Nice effort.					
12	それは面白い	That's interesting. / That's amusing.					
13	前向きにがんばれ	Don't stress about it. / Stay positive, keep working.					
14	あきらめないで	Don't give up.					
15	慌てないで！	Keep your cool!					
16	心配しないで	Don't worry.					
17	緊張しないで	Don't be nervous.					
18	恥ずかしがらないで	Don't be shy.					
19	リラックスして	Relax.					
20	うまくいくといいね（幸運を祈る）	Keep your fingers crossed. / Hope it goes well.					
21	上手くいくと思うよ	I think you'll succeed. / I believe it'll go well.					
22	頼りにしているよ	I'm counting on you.					
23	ベストを尽くして	Do your best.					
24	不可能なことはないよ（何でもできるよ）	Nothing is impossible.					
25	朝飯前だ	Piece of cake.					
26	最高だよ！	That's awesome!					
27	がんばって！	Hang in there!					
28	がんばれ！	Take it easy!					
29	もっともっと！	Come on! / Keep it out! / Don't stop!					
30	あきらめないで！	Stick to it!					

自分の理解度を確認しよう！
それぞれの項目についてできるものには○をできないものには×をつけよう。×がついたものは○になるように何回も繰り返して練習しよう。
Teacher's Check の欄に先生のチェックを受けて合格していこう！

No. 4 Useful Expressions ～ Comment for Speech ～

	どんな表現言えるかな？	Expressions	聞いて理解できる	英語で言うことができる	英語で書くことができる	実際に使った	Teacher's Check
1	内容に興味をもったよ	I was very interested in the content.					
2	たくさんのことについて話せたね	You talked about many things.					
3	詳しく話せたね	You spoke in detail.					
4	たくさんの情報をくれたね	You gave us a lot of information.					
5	内容が興味深かったよ	The content was interesting.					
6	内容を聴いて楽しめたよ	I enjoyed listening to your content.					
7	内容が聴いてて面白かったよ	Your content was enjoyable to listen to.					
8	スピーチを聴いてて退屈しなかったよ	I didn't feel bored when I listened to your speech. / Hearing your speech wasn't boring.					
9	きみのことについてもうちょっと分かったよ	I learned a little bit more about you.					
10	教室を見渡していたね	You looked around the classroom.					
11	みんなの方をみていたね	You looked at all of us.					
12	ぼく達に集中して話していたね	You focused on us.					
13	きみのアイコンタクトで自分達に話してくれているのが伝わってきたよ	Your eye contact made me feel you were talking to me.					
14	発音が明瞭でわかりやすかったよ	Your pronunciation was clear.					
15	はっきりと話してくれたね	You spoke clearly.					
16	きみのことを理解しやすかったよ	It was easy to understand you.					
17	きみのことを理解するのが難しくなかったよ	It wasn't difficult to understand you.					
18	スピーチが自然に聞こえたよ	Your speech sounded natural.					
19	上手にゆっくりと話したね	You spoke nice and slow.					
20	きみの絵が気に入っているよ	I really like your drawing(picture).					
21	きみの絵はカラフルだね	Your picture is very colorful.					
22	きみの絵は上手く書かれているね	Your picture is very well drawn.					
23	きみの絵は非常に芸術的だね	Your picture is very artistic.					
24	きみの絵のおかげで理解しやすかったよ	Your picture helped my understanding.					
25	きみの声は大きくはっきりしていたよ	Your voice was loud and clear.					
26	きみの声はよく通っていたよ	Your voice carried far.					
27	よく声が聞こえたよ	I could hear you easily.					
28	声のボリュームがよかったよ	Your volume was good.					
29	後ろできみの声を聞くのが難しくなかったよ	It wasn't hard to hear you at the back.					
30	楽しそうに声を弾ませて話していたね	You spoke happily and excitedly, didn't you?					

自分の理解度を確認しよう！
それぞれの項目についてできるものには○をできないものには×をつけよう。×がついたものは○になるように何回も繰り返して練習しよう。
Teacher's Check の欄に先生のチェックを受けて合格していこう！

No. 5 Useful Expressions ~ Directions 1 ~

	こんな表現言えるかな？	Expressions	聞いて理解できる	英語で言うことができる	英語で書くことができる	Teacher's Check
1	トピックセンテンスを挙げよう	Pick out the topic sentence.				
2	このプログラムのトピックセンテンスは何ですか?	What is the topic sentence of this program?				
3	辞書でこの単語を調べよう	Look up this word in the dictionary.				
4	辞書を使って綴りを調べよう	Check the spelling by using the dictionary.				
5	宿題を提出しよう	Hand in your homework.				
6	それらを金曜日までに提出しよう	Hand them in by next Friday.				
7	提出期限は次の火曜日	The deadline is next Tuesday.				
8	例をいくつか挙げて	Give me some examples.				
9	横並びに机を動かして	Make your desks side by side.				
10	机を動かして	Move your desks.				
11	机を回転させて	Turn your desks.				
12	ペアで活動して	Work in pairs.				
13	顔を向かい合わせて立とう	Stand face to face.				
14	クラスを2つに分けよう	Divide the class into two.				
15	あなたの順番よ	It's your turn.				
16	ひとつ取ってそれらを後ろに回そう	Take one and pass them to the back.				
17	ハンドアウトを前に回そう	Pass your handouts to the front.				
18	後ろからハンドアウトを集めて	Collect the handouts from the back.				
19	ハンドアウトを全部持っているか確認して	Make sure you have all handouts.				
20	スキットを完成させよう	Perform the skit.				
21	質問をしてください	Ask me any questions. / Please tell me all your questions.				
22	黒板の単語をつづりで書いてみよう	Spell out the word on the board.				
23	友達とコミュニケーションをとるのを楽しんで	Enjoy communicating with your friends. / Enjoy talking.				
24	急いで	Hurry up.				
25	一生懸命やろう	Be sure to work hard. / Give it your all.				
26	提出期限を守ろう	Keep the deadline. / Don't forget the deadline.				
27	大きな拍手を彼らに（彼女に・彼に）しよう	Give them (her/ him) a big hand.				
28	拍手をしよう	Give them a round of applause.				
29	声が聞こえないよ（伝わるように話そう）	I can't hear your voice.				
30	女子の声が聞こえないよ	I need girls' voice. / I can't hear the girls! / Speak up!				

自分の理解度を確認しよう！
それぞれの項目についてできるものには○をできないものには×をつけよう。×がついたものは○になるように何回も繰り返して練習しよう。
Teacher's Check の欄に先生のチェックを受けて合格していこう！

Chapter3　生徒をしっかりサポートする教材づくりのルール＆Tips

No. 6 Useful Expressions ~ Directions 2 ~

	こんな表現言えるかな？	Expressions	聞いて理解できる	英語で言うことができる	英語で書くことができる	Teacher's Check
1	始めよう	Shall we start?				
2	始めましょう	Let's start. / Let's get started. / Let's begin.				
3	準備はいい？	Are you ready? / Is everyone ready to begin?				
4	今日はもう終わりだよ	That's all for today.				
5	お別れの時がきたよ	It's time to say goodbye.				
6	終わったよ	Finished.				
7	今日はここまで	Stop here for today.				
8	簡単だった（難しかった）？	Was it easy(difficult)?				
9	あと3分あります	We have three more minutes.				
10	残り10分です	We've got ten minutes left.				
11	もう時間切れだよ	We are running short of time. / We are running out of time.				
12	もう終わった？	Have you finished it? / Did you finish it?				
13	もうしてしまった？	Have you done? / Did you do it?				
14	上手くいった？	Did you make it? / Did you do well? / Did it go well?				
15	分かった？	Did you get it? / Are you with me?				
16	誰かいない？（進んでやってくれる人？）	Any volunteers?				
17	誰かやってみない？	Who wants to try?				
18	他に誰か？	Anyone? / Anyone else? / Anybody?				
19	次の話に進もう	Go on to the next story. / Move on the next part.				
20	前の授業の復習をしよう	Review the last lesson. / Go over the last part.				
21	その本を見て	Take a look at the book.				
22	要点をメモしておいてください	Please make a note of the main(important) point.				
23	机の上に全てを準備しておいてください	Please get everything ready on your desk.				
24	タイトルを挙げてください	Give it a title. / Give me a title.				
25	正しい答えに○をして	Circle the correct answer.				
26	正しい答えを選んで	Choose the right answer.				
27	正しい答えを指さして	Point to the right answer.				
28	ペアを作って・グループを作って	Make pairs. / Make a group.				
29	下の単語を見て	Look at the words at the bottom.				
30	この単語に（アンダーラインを引いて・○で囲んで・を変えて）	Please (underline / circle / change) this word.				

自分の理解度を確認しよう！
それぞれの項目についてできるものには○をできないものには×をつけよう。×がついたものは○になるように何回も繰り返して練習しよう。
Teacher's Checkの欄に先生のチェックを受けて合格しているか確認しよう！

No. 7 Useful Expressions ~ Comment for Motivation and Encouragement ~

	こんな表現言えるかな？	Expressions	聞いて理解できる	英語で言うことができる	英語で書くことができる	Teacher's Check
1	がんばれ！	Come on! / Strive! / Work hard! / Keep it up!				
2	がんばれ！	Go for it! / You can do it! / Go,go,go!				
3	がんばれ！	Hang in there! / Don't give up! / Just do it!				
4	きみならできるよ！	You can do it!				
5	肩の力をぬいてがんばれ！	Take it easy!				
6	やってみよう！	Give it a try!				
7	元気出して！	Cheer up! / Show me some enthusiasm! / Perk up!				
8	気持ちをもって！	Don't lose your heart! / Don't lose heart!				
9	幸運を祈るよ	I wish you good luck.				
10	幸運を祈ってるよ	I'll keep my fingers crossed.				
11	がんばれ！	Keep your chin up!				
12	その調子！・そうでなくちゃ！	That's the spirit!				
13	一生懸命やろう！	Try hard!				
14	一生懸命やろう！	Work hard!				
15	前を向いて！	Look on the bright side! / Focus on the future! / Stay positive!				
16	がんばろう！	Keep up the good work!				
17	できるよ！	You can make it! / You can do it!				
18	自分を信じて！	Believe in yourself!				
19	心配しないで	Don't worry. / No worries.				
20	いつもきみの味方だよ	I'm always on your side.				
21	成功を祈る	Hope for your success.				
22	頼りにしているよ	I'll be counting on you.				
23	そのとおりだ	That's correct.				
24	そうだよ	That's it.				
25	自信をもって	Be confident.				
26	いいよ	It's ok. / Sure. / No problem.				
27	続けよう	Keep going. / Don't stop.				
28	最善をつくそう	Try your best. / Do your best.				
29	100%で！	Give it 100%!				
30	幸運を祈るよ	Good luck.				

自分の理解度を確認しよう！
それぞれの項目についてできるものには○をできないものには×をつけよう。×がついたものは○になるように何回も繰り返して練習しよう。
Teacher's Checkの欄に先生のチェックを受けて合格していこう！

Chapter3 生徒をしっかりサポートする教材づくりのルール&Tips

No. 8 Useful Expressions ~ Expressions for Confirmation ~

	こんな表現言えるかな？	Expressions	聞いて理解できる	英語で言うことができる	英語で書くことができる	Teacher's Check
1	今日は…について話をします	Today we will discuss ….				
2	今日のトピックは…です	Today's topic is ….				
3	…が今日の話し合いのトピックです	… is the topic of discussion today.				
4	話し合いを始めましょう	Let's start our discussion.				
5	…についてどう思いますか？	What do you think about …?				
6	あなたの意見をうかがってもいいですか？	Can I have your opinions? / Please share your opinion.				
7	このことについてどう思いますか？	What do you think about this?				
8	…に賛成ですか？	Do you agree with …?				
9	別の意見の方はいますか？	Who has another point of view?				
10	私は違う意見です	I have a different opinion.				
11	次のトピックに移りましょう	Can we go(move) on to our second topic?				
12	参加してくれてありがとうございました	Thank you for your participation.				
13	ごめんなさい、分かりませんでした	I'm sorry. I didn't understand.				
14	もう一度、言ってもらえませんか？	Could you say that again?				
15	もっとゆっくり話していただけませんか？	Could you speak more slowly?				
16	もう少し大きな声で話していただけませんか？	Could you speak a little louder?				
17	例を挙げてください	Could you give me an example?				
18	具体的にしていただけますか？	Could you be more specific?				
19	その単語の意味は何ですか？	What's the meaning of that word?				
20	…の意味を説明してもらえますか？	Can you explain to me what … means?				
21	Aと言ったのですか、それともBと言ったのですか？	Did you say A or B?				
22	3点目は何でしたか？	What was the third point?				
23	1番の答えは何でしたか？	What was the answer to No.1?				
24	…という意味ですか？	Does it mean …?				
25	…ということですか？	Is it …?				
26	…についての話でしたよね？	You talked about … didn't you?				
27	…と言っていましたよね？	You said that …, didn't you?				
28	…について何と言ったのですか？	What did you say about …?				
29	…は~にどんな影響があるのですか？	How does … affect ~?				
30	…と~の関係を説明してくださいませんか？	Can you explain the relationship between … and ~?				

自分の理解度を確認しよう！
それぞれの項目についてできるものには○をできないものには×をつけよう。×がついたものは○になるように何回も繰り返して練習しよう。
Teacher's Check の欄に先生のチェックを受けて合格しよう！

No. 9 Useful Expressions ~ Expressions for Today's Goal ~

	どんな表現言えるかな？	Expressions	聞いて理解できる	英語で言うことができる	英語で書くことができる	Teacher's Check
1	笑顔でいること	To keep smiling.				
2	英語だけを使うこと	To use English only.				
3	英語だけで話すこと	To speak English only.				
4	いいアイコンタクトをすること	To make good eye-contact.				
5	友達とMiyukiといいアイコンタクトをすること	To make good eye-contact with my friends and Miyuki.				
6	ネイティブスピーカーのように話すこと	To speak English like a native speaker.				
7	いい発音で話すこと	To speak with good pronunciation.				
8	いいスピーカーになること	To be a good speaker.				
9	ペラペラ話をすることができるようになること	To be able to speak fluently.				
10	友達のいいところをたくさん見つけること	To find my friends' good points.				
11	友達を褒めること	To compliment my friends.				
12	たくさんの友達とHigh Fiveをすること	To do high five with a lot of friends.				
13	素早く行動すること	To make quick action. / To move. / Act quickly and easily.				
14	考えを行動にうつすこと	To put ideas into action.				
15	リアクションをすぐ返すこと	To react quickly.				
16	肯定的なリアクションをすること	To give a positive reaction.				
17	ジェスチャーで表現すること	To express by gestures.				
18	音読をしている間にジェスチャーをすること	To make gestures while reading.				
19	できるだけたくさんのジェスチャーで表現すること	To try to use as many gestures as possible.				
20	友達にたくさんのエネルギーを与えること	To give a lot of energy to my friends.				
21	自分の全エネルギーを英語の時間に注ぐこと	To apply all my energies to English class.				
22	エネルギーを集中させること	To concentrate my energies.				
23	友達を支えること	To support my friends.				
24	グループの人達と協力すること	To work together with my group members.				
25	友達のことをもっと知ること	To know more about my friends.				
26	友達と楽しんで活動すること	To enjoy activities with friends.				
27	新しい話についてもっと知ること	To know more about a new story.				
28	新しい話の詳細を理解すること	To understand the details of a new story.				
29	新しい話の内容をつかむこと	To catch the content of a new story.				
30	音読を通して話について知ること	To know about a story through reading.				

自分の理解度を確認しよう！
それぞれの項目についてできるものには○をできないものには×をつけよう。×がついたものは○になるように何回も繰り返して練習しよう。
Teacher's Checkの欄に先生のチェックを受けて合格していこう！

No.10 Useful Expressions ~ Fun Phrase ~

	どんな表現言えるかな？	Expressions	聞いて理解できる	英語で言うことができる	英語で書くことができる	Teacher's Check
1	友達と一緒に使った	I used it with my friend(s).				
2	家族と一緒に使った	I used it with my family.				
3	姉（妹・兄・弟・母・父）と一緒に使った	I used it with my sister (brother / mother / father).				
4	○○さんが自分にそのフレーズを使った	○○ used the phrase with me.				
5	○○さんが自分に話しかけてくれた	○○ talked to me with the phrase.				
6	○○さんと話したときに使った	I used it when I talked with ○○.				
7	友達に別れを言うときに使った	I used it when I said goodbye to my friend.				
8	私は（　）のときに使った	I used it when I (動詞) 説明.				
9	友達と英語で話すために使った	I used it to talk with my friend in English.				
10	友達と英語で話したかったから使った	I used it because I wanted to talk with my friend in English.				
11	友達を元気づけるために使った	I used it to give encouragement to my friend.				
12	友達を元気づけるために使った	I used it to make my friend feel better.				
13	友達を元気づけたかったから使った	I used it because I wanted to encourage my friend.				
14	友達を笑顔にしたかったから	It's because I wanted to make my friend smile.				
15	友達を楽しくさせたかったから	It's because I wanted to please my friend.				
16	英語が上手になりたいから	That's why I want to be good at English.				
17	英語を上手に話したいから	I want to be a great English speaker.				
18	教室で使った	I used it in the classroom.				
19	家で使った	I used it at home.				
20	帰る途中に使った	I used it on the way home.				
21	誰に使ったの？	Who did you use it with?				
22	いつ使ったの？	When did you use it?				
23	どんな場面で使ったの？	What situation did you use it?				
24	どんな場面で使ったのか教えて	Please let me know the situation.				
25	いい場面で使ったね	You used it in a good situation.				
26	ファンフレーズを日頃から使っていこう	Let's use some fun phrases in our daily life(lives).				
27	ファンフレーズを使おう	Shall we use the fun phrase?				
28	ファンフレーズを使わないといけないね	We must use the fun phrase.				
29	ファンフレーズを昨日使った？	Did you use the fun phrase yesterday?				
30	まねして使って	Please follow me.				

自分の理解度を確認しよう！
それぞれの項目についてできるものには○をできないものには×をつけよう。×がついたものは○になるように何回も繰り返して練習しよう。
Teacher's Checkの欄に先生のチェックを受けて合格しよう！

No.11 Useful Expressions ～ Expressions from 他己紹介 (Introduction of someone else) Speech ～

	こんな表現言えるかな？	Expressions	聞いて理解できる	英語で言うことができる	英語で書くことができる	Teacher's Check
1	私は彼女（彼）みたいな人になりたい	I want to be a person like her(him).				
2	彼女は礼儀正しい人です	She is a well-mannered person.				
3	それはやりがいのある（興味をそそる）	It is challenging.				
4	彼女の好きな俳優がこのドラマに出てるんです	Her favorite actor appears in this drama.				
5	私達はこれからも（将来も）ずっと友達です	We will keep being friends for a long time.				
6	だから、彼を怒らせるのはよくない	So, it is not good to anger him. / That's why....				
7	時々、彼女は厳しい	Sometimes she is strict.				
8	それは彼女にとって簡単だ	It is easy for her.				
9	彼は友達の間で人気がある	He is popular among his friends.				
10	彼女の長所は…	Her strong point is ….				
11	彼女の短所は…	Her weak point is ….				
12	彼女はまだ将来の夢がありません	She has no dreams for the future yet.				
13	彼女は情熱的です	She is passionate.				
14	彼女は絵を描くのが上手です	She is good at drawing pictures.				
15	私は彼女の夢が叶うと思っています	I believe her dream will come true.				
16	彼女の夢は秘密です	Her dream is a secret.				
17	彼はまだ将来についての夢をもっていません	He doesn't have a dream about the future yet.				
18	彼は特に推理小説に魅せられています	He is especially attracted to detective stories.				
19	彼はクラスの中で一番背が高い男子です	He is the tallest boy in my class.				
20	彼は素早いだけでなく礼儀正しい	He is not only quick but also graceful.				
21	私達は同じマンションに住んでいます	We live in the same apartment building.				
22	彼はカープを誇りに思っている	He boasts about the Carp.				
23	彼はカープを誇りに思っている	He is proud of the Carp.				
24	彼は視力がよい	He has good eye sight.				
25	彼女は物静かだが私達はよく一緒に話をします	She is quiet but we often talk a lot together.				
26	彼は不調から脱出した	He broke out of his slump.				
27	彼女のブームはスイーツです	She is really into sweets.				
28	彼はサッカーに夢中です	He's nuts about soccer. / He's crazy about soccer.				
29	彼は非常に勉強熱心です	He is very eager in his studies.				
30	彼女は英語の時間に非常に活躍している	She is very active(successful) in English class. / She is totally into her English time.				

自分の理解度を確認しよう！
それぞれの項目についてできるものには○をつけよう。×がついたものは○になるように何回も繰り返して練習しよう。
Teacher's Check の欄に先生のチェックを受けて合格しよう！

No.12 Useful Expressions ~ Expressions for Review ~

	こんな表現言えるかな？	Expressions	聞いて理解できる	英語で言うことができる	英語で書くことができる	Teacher's Check
1	笑顔でいた	I kept smiling.				
2	英語だけを使った	I used English only.				
3	アイコンタクトをした	I made good eye-contact.				
4	友達とMiyukiとアイコンタクトをした	I made good eye-contact with my friends and Miyuki.				
5	ネイティブスピーカーのようで英語を話した	I spoke English like a native speaker.				
6	いい発音で話した	I spoke with good pronunciation.				
7	友達のいいところを見つけた	I found my friends' good points.				
8	友達を褒めた	I complimented my friends.				
9	たくさんの友達とHigh Fiveをした	I high fived with lots of friends.				
10	素早く行動を起こした	I acted quickly.				
11	考えを実行にうつした	I put ideas into action.				
12	素早いリアクションをした	I reacted quickly.				
13	前向きなリアクションをした	I gave a positive reaction. / I gave a forward-looking reaction.				
14	ジェスチャーを使って表現した	I used gestures. / I expressed myself with gestures.				
15	ジェスチャーを使いコミュニケーションを図った	I communicated with gestures.				
16	音読をしているときジェスチャーをした	I made gestures while reading.				
17	できるだけたくさんのジェスチャーを使った	I tried to use as many gestures as possible.				
18	友達に多くのエネルギーを与えた	I gave a lot of energy to my friends.				
19	英語の時間にエネルギーを注いだ	I applied all my energy in English class.				
20	エネルギーを集中させた	I concented my energies.				
21	友達の手助けをした	I supported my friends.				
22	グループのメンバーと協力した	I cooperated with my group members.				
23	友達のことについてもっと知ることができた	I learned more about my friends. / I came to know more about my teammates.				
24	新しい話についてもっと知ることができた	I learned more about a new story.				
25	他の文化について知っている	Now I know more about others cultures.				
26	間違いを恐れないでチャレンジできた	I was not afraid to make mistakes.				
27	自信をもって英語を話をした	I spoke English confidently.				
28	自分の考えを英語で表現することができた	I expressed myself in English.				
29	自分の考えに自信をもつことができた	I was able to back up my own ideas.				
30	自分の考えや思いを言葉にすることができた	I put my own thoughts and ideas into words.				

自分の理解度を確認しよう！
それぞれの項目についてできるものには○をできないものには×をつけよう。×がついたものは○になるように何回も繰り返して練習しよう。
Teacher's Checkの欄に先生のチェックを受けて合格しよう！

No.13 Useful Expressions ~ Expressions for Talking Battle 1 ~

	こんな表現言えるかな？	Expressions	聞いて理解できる	英語で言うことができる	英語で書くことができる	Teacher's Check
1	私はそう思う	I think so.				
2	私は賛成だよ	I agree.				
3	私はあなたに賛成だよ	I agree with you. / I'm with you on that.				
4		I really agree with you.				
5	きみは正しいよ	You're right. / It's true.				
6	私も同じ意見だ・私は完全にきみの考えに賛成だ	I have the same opinion. / I'm totally for your idea.				
7	私はそれに対して異議はないよ	I have no objections to that.				
8	私はそうは思わないよ	I don't think so.				
9	私はきみには賛成しないよ	I don't agree with you.				
10	私はそれに対して異議がある	I have objections to that.				
11	私はきみの意見に反対しなければならない	I'm afraid I have to disagree with your opinion.				
12	私はきみの考えを受け入れることができない	I can't accept your idea.				
13	あいにく私はきみの考えに反対だ	Unfortunately, I'm against your idea.				
14	私は違った意見だ	I have a different opinion.				
15	それは面白い！ でも私は…でないと思う	That's interesting, but I don't think it's ….				
16	ええと、それはきみが考えるほど簡単じゃない	Well, it's not so easy as you think.				
17	…についてはよく分からない	I'm not sure about ….				
18	私は（ ）はいい点と思う。しかしいくつかの点で賛成できない	I think (　　) is a good point, but I cannot agree with you on some other points.				
19	私には意見がある	I have an opinion.				
20	私には3つ理由がある	I have three reasons.				
21	私はAはBよりいいと思う。どうしてかと言うと…だからだ	I think A is better than B, because ….				
22	私に何か言わせてください	Please let me say something.				
23	きみの意見を聞かせて	Let me hear your opinion.				
24	きみの考えを教えて	Tell me what you think.				
25	もっと具体的に言っていただけますか？	Could you be more specific?				
26	それについてもっと詳しく説明してもらえる？	Can you explain more about it in detail?				
27	…と言いたいの？	Do you mean to say (that) …?				
28	私が主張しているのは…だ・まとめると	The point I'm making is (that) …. / In summary ….				
29	こうした理由で…・最後に…	For these reasons, …. / So, in conclusion,….				
30	…で終わりましょう・私が…と考える理由です	Please let me finish with …. / This is why I think ….				

自分の理解度を確認しよう！
それぞれの項目についてできるものには○をできないものには×をつけよう。×がついたものは○になるように何回も繰り返して練習しよう。
Teacher's Checkの欄に先生のチェックを受けて合格していこう！

Chapter3　生徒をしっかりサポートする教材づくりのルール&Tips

No.14 Useful Expressions ~ Expressions for Talking Battle 2 ~

	こんな表現言えるかな？	Expressions	聞いて理解できる	英語で言うことができる	英語で書くことができる	Teacher's Check
1	そうだ！そうだ！	Hear, hear! / Attention, Please!				
2	それはどうかな？	I doubt it.				
3	それであなたは？	Where do you stand?				
4	ちょっと言わせて！	Let me tell you something!				
5	私の考えはこうだ！	Let me give you a piece of my mind!				
6	これには納得できないよ！	I don't buy that!				
7	賛成だ！	I'm for it!				
8	そうなの？	Oh, did you?				
9	私も	So do I. / Me, too. / Count me in, too! / I, as well.				
10	もちろん！	You bet!				
11	それにはちょっと同意できないかも	I have to disagree with you on that.				
12	何で知っているの？	How do you know that? / Why do you know that?				
13	そうさ、そうだろ！	Oh, yes, indeed! / Exactly!				
14	まったくそのとおり！	Couldn't agree more!				
15	もう、ウソでしょう？	You can't be serious. / Are you putting me on?				
16	そのとおりだ！	You said it! / That's it!				
17	一理あるね	You have a point.				
18	異議はありません！	No objection!				
19	面白そうだね！	Sounds like fun!				
20	異議あり！	Objection!				
21	それでは話が違うよ	That's not what you said.				
22	そうかもね	It might be true.				
23	まあ、そんなもんだよ	Sort of.				
24	そうとも言えないよ	Not exactly.				
25	あなたの考えを教えて	Tell me what do you think.				
26	そう思わない？	Don't you think so?				
27	私の意見では……	In my opinion …				
28	私が言ったのは……	What I meant was …				
29	本気なの？	Do you mean it?				
30	そうそう	I know what.				

自分の理解度を確認しよう！
それぞれの項目についてできるものには〇をできないものには×をつけよう。×がついたものは〇になるように何回も繰り返して練習しよう。
Teacher's Checkの欄に先生のチェックを受けて合格していこう！

No.15 Useful Expressions ~ Expressions for Quiz Hint ~

	こんな表現言えるかな？	Expressions	聞いて理解できる	英語で言うことができる	英語で書くことができる	Teacher's Check
1	あなたの身体は黄色（赤色・黒色・…）？	Is your body yellow (red / black /...) ?				
2	いいえ、オレンジだよ	No, it isn't. It's orange.				
3	あなたの身体は何色？	What is the color of your body?				
4	黒と白だよ	It's black and white.				
5	何色が好き？	What color do you like?				
6	緑色が好きだよ	I like green.				
7	あなたは飛ぶ（泳ぐ・歩く・速く走る）ことができる？	Can you fly (swim, walk, run fast) ?				
8	いや、できないよ	No, I can't.				
9	あなたは何をすることができる？	What can you do?				
10	速く走ることができるよ	I can run very fast.				
11	私達は昼間にあなたが見えるよ	Do we see you in the day?				
12	いえ、あなた達は私を夜に見れるよ	No, you see me in the night.				
13	あなたは今どこにいる？	Where are you now?				
14	私は今（　）にいるよ	I'm in ( ).				
15	あなたは東京に住んでいる？	Do you live in Tokyo ?				
16	うん、住んでいるよ	Yes, I do.				
17	あなたはどこに住んでいる？	Where do you live?				
18	私は台所に住んでいるよ	I live in a kitchen.				
19	あなたはこの部屋の中にいる？	Are you in this room?				
20	いいえ、いません	No, I'm not.				
21	私達はあなたを動物園で見ることができる？	Can we see you in the zoo?				
22	ええ、見ることができるよ	Yes, you can.				
23	あなたはラケットを持っている？	Do you have a racket?				
24	ええ、持っているよ	Yes, I do.				
25	何人のプレーヤーが必要？	How many players do you need?				
26	5人必要だよ	I need five.				
27	私達はあなたを持ってる？	Do we have you?				
28	ええ、持っているよ／いいえ、持っていないよ	Yes, we do. / No, we don't.				
29	あなたは何を持っている？	What do you have?				
30	私は何枚か紙を持っているよ	I have some pieces of paper. / I have some sheets of paper.				

自分の理解度を確認しよう！
それぞれの項目についてできるものには○をできないものには×をつけよう。×がついたものは○になるように何回も繰り返して練習しよう。
Teacher's Checkの欄に先生のチェックを受けて合格していこう！

No.16 Useful Expressions ~ Expressions for Retelling and Review ~

	こんな表現言えるかな？	Expressions	聞いて理解できる	英語で言うことができる	英語で書くことができる	Teacher's Check
1	…について話をさせて	Let me tell you about ….				
2	初めに・第一に…	Firstly, ….				
3	次に…	Secondly, …. / Next, …. / Furthermore, …. / In addition, ….				
4	最後に…	Lastly, ….				
5	話を終わらせてください	Let me finish please.				
6	聞き返したいとき	Pardon? / Pardon me?				
7	もう一度言ってください（聞き返したいとき）	Say that again, please.				
8	もう一度言ってください（聞き返したいとき）	Could you say that again?				
9	…の意味はなんですか？	What does … mean?				
10	私もそう思います	I think so, too.				
11	私はあなたに賛成です	I agree with you.				
12	自分もです	Me too.				
13	私はそうは思いません	I don't think so.				
14	私はあなたの意見には反対です	I disagree with your opinion.				
15	あなたの意見には同意しません	I don't agree with you.				
16	あなたは間違っています	You are wrong.				
17	私はそのことについては反対です	I have objections to that.				
18	私はそれはよい考えでないと思います	I don't think it's a good idea.				
19	すばらしい考えですね！	That's a wonderful idea!				
20	そのとおりです	Indeed.				
21	いい考えをもらったよ！	I've got a good idea!				
22	何か言わせてください	Let me say something.				
23	あいづち（同意したいとき）	I see. / I know. / For sure.				
24	あいづち（確認したいとき）	Is that clear? / Got it? / Are you listening?				
25	今日の授業について話して（教えて）	Please tell me about today's class. / Please discuss today's class with me.				
26	何を学んだ？	What did you learn?				
27	何をがんばった？	What did you do work on today? / What did you struggle with today?				
28	今日の授業のポイントは…でした	The point of today's lesson was …. / The most important of today's lesson was ….				
29	私は…と思いました／私は…を知りました／私達にとって…することが大切なのです	I thought …. / I knew …. / It's important for us to ….				
30	次もがんばろう！	Enjoy the next class! / Great effort!				

自分の理解度を確認しよう！
それぞれの項目についてできるものには○を、できないものには×をつけよう。×がついたものは○になるように何回も繰り返して練習しよう。
Teacher's Check の欄に先生のチェックを受けて合格しよう！

Chapter 4
生徒が熱中する！英語で行う言語活動アイデア25

★1 Number Counting!　ペアになり指定されたカテゴリーの単語を交互に言い合う

| 目　的 | キーワードに関連した単語を言うことで，英語で発話するのに必要な語彙力をつける。スピーディに言い合うことでことばを発する際の瞬発力を身につける。 |

| 使用場面 | 帯活動・ウォームアップ・練習 | 活動時間 | 1分 | 技　能 | Vocabulary / Speaking / Listening |
| つけたい力 | 語彙力・瞬発力 | 協同の視点 | チームワークづくり・ミラーリング | | |

指導の手順

❶ ペアを決める
　"Make pairs."

❷ 英語のじゃんけんで順番を決める
　"Sciccors, paper, stone, go!"

❸ 役割と内容の確認。挙手させ確認をする。勝：2，負：4でスタートし，6，8，…，50まで交互に言う
　"Winners, raise your hands. You start two. The others, raise your hands. You start four. Six, eight, and fifty. Please check what you are going to do with your partner."

❹ 質問がないか確認をする
　"Do you have any question?"

❺ 席を立ち活動を行う。教師の合図でスタート！
　"All right. Stand up, please. Are you ready? Here we go!"

❻ 教師は生徒が活動している間，モニターしながら時間を計る。

❼ 50までカウントしたらHigh Five。教師に挙手でアピールし着席
　"We are finished!"

❽ 教師は指で終わったペアに順番を示す
　"You did a good job!"

❾ 活動中よかったペアの活動を紹介する。ルールどおりにできていたかの確認を行う

English only にする Tips
- 教師の指示が浸透するまで繰り返し行う
- 受け答えがはっきりと聞こえる声の大きさで活動できるようにする
- 英語を使いやすい雰囲気をつくる

活動のポイント

- テンポのいいBGMをかける。声を出しやすくなり，差が生じても最後のペアまで活動に集中して取り組むことができる。
- 終わったペアへ指示を出しておく。終了後着席し自分達でやることを決め活動を続ける。

2 Hot Potato!

カテゴリーに沿った単語を言いながら，柔らかいボールなどを隣の人に回し，音楽が止まったときにボールを持っていた人がお題に答える

目 的	テーマに応じた語彙力と応答力をつける。スピーディに答えることでことばを発する際の瞬発力を身につける。
使用場面	帯活動・ウォームアップ・練習　　**活動時間**　2分～3分
技 能	Vocabulary / Speaking / Listening
つけたい力	語彙力・応答力・瞬発力　　**協同の視点**　全員で協同することによる一体感

指導の手順

❶ 教師と生徒は物を回す順番とカテゴリーを確認する
　"Please pass this ball around in order. Today's category is animals."

❷ 教師は生徒に回す物を渡す
　"Here you are."

❸ 教師は音楽をかけ，生徒は物を順番に渡していく
　"Let's get started."

❹ 音楽を止め，物を持っている生徒に質問をする
　"All right. Please answer this question."

❺ 答えた生徒の頑張りをたたえる
　"Thank you very much. You did a good job."

❻ 答えたら再び音楽をかける
　"OK. Next."

❼ 同じように❹~❻を繰り返す

❽ 活動中よかったことや改善点を紹介する。ルールが徹底できていたかの確認を行う

> **English only にする Tips**
> ● 簡単な指示に対する生徒の受け答えができるようにする
> 　（例）T: Let's get started.
> 　　　 Ss: Sure!
> ● 具体的で分かりやすい指示のために動詞で始める
> 　（例）"Raise your hand if you have questions."

活動のポイント

● カテゴリーはよく生徒がしているものを選ぶ。
● 手順❹で，いろいろな応答に即興で対応できるようにする。
● 手順❶で，バリエーション豊かなお題を出す。質問に応答するだけでなく，"Please tell us your favorite singer and the reason." "Please ask us a question." など，他者を巻き込むものを盛り込むとよい。
● 教師が投げかけるだけでなく，生徒にお題を作ってもらい，箱に紙を入れ，それを引かせて答えると，全員参加型の活動となる。

3 Quick Q&A　言語材料を使い素早くQ&Aを行う

目　的	主に既習の言語材料のQ&Aを繰り返し行うことで，英語の応答に慣れさせ発話の自動化を図る。緊張感がある中での発話を経験し，応答への自信をつけさせる。
使用場面	帯活動・ウォームアップ・練習　　活動時間　3分　　技　能　Vocabulary / Speaking / Listening
つけたい力	応答力・瞬発力・即興力　　協同の視点　ペアで協力することでの支え合い・学び合い

指導の手順

❶ 事前にQ&Aのリストを渡すか生徒に質問を作成させ発音確認と答え方の確認をしておく

❷ ペアで役割分担（質問する方・答える方）を確認する

"Who will ask questions at first?" "Who will answer?"

❸ 活動のルールを確認する

❹ 生徒は起立する

"Stand up, please. Face each other."

❺ 最初に質問する方がペアに質問を出し，相手は答える。制限時間（1分）内にできる限りたくさんのQ&Aを行う。質問をする方は相手が答えられたものにチェックを入れる

"A person who asks questions must answer as many questions as possible for 1 minute."

❻ 役割を交代する

"Time is over. Please switch your role."

❼ 活動中よかったことや改善点を紹介する。ルールが守れていたかの確認を行う

"Please check good points and improvements about the activity."
"Did you keep rules?"

> **English only にする Tips**
> ● 生徒同士が活動時に必要な相づち表現を増やす
>   （例）"All right." "Uh-huh."
> ● 相手が詰まったときに有効な表現を増やす
>   （例）"Do you need some help?" "Let me skip this question."

活動のポイント

● 初めのステップとして，教師が質問を出し生徒が答える練習を入れると，生徒だけでもスムーズにできる。ペアで自信をもち活動することができるようになる。

● 制限時間いっぱい取り組める質問数を準備しておく。慣れてきたら順番どおりでなく，アトランダムに質問をさせると，ハードルが高くなりより面白い活動となる。

● 質問数を10問と限定し，終わったら役割交代。両者が済んだら着席させ，着席後も続けて活動をさせる。このようにすると，スローラーナーのつまずきが見えやすくなる。

Handout

Your Record

Class( ) No( ) Name( )

	1	2	3	4	5	6	7	8
Date								
Partner								
You								

Make notes!

	9	10	11	12	13	14	15	16
Date								
Partner								
You								

Make notes!

	17	18	19	20	21	22	23	24
Date								
Partner								
You								

Make notes!

Guessing What

与えられたトピックや発問についてペアで考え全体でシェアをする

目　的	与えられた課題に対して，分からなくても諦めずに仲間の協力を得ながら問題解決していく。英語で話をし考えることで英語で応答することに慣れる。
使用場面	帯活動・ウォームアップ　　活動時間　10分～15分
技　能	Vocabulary / Speaking / Listening / Writing
つけたい力	思考力・発想力・即興力・表現力　　協同の視点　支え合い・シンク＝ペア＝シェア

指導の手順

❶ 生徒に推測させたいものを提示する

　"Please look at this slide. What are these? Guess what they are."

❷ 個人（30秒），ペア（30秒）で話をさせ考えを言わせる

　"Let me know your ideas. Please make mistakes and raise your hands."

❸ 教師は生徒の考えからトピックを導き出し，生徒は出された単語が答えになるように疑問詞を使った疑問文をペアでたくさんつくる（2分）

　"They are something about me. Could you make a lot of questions with interrogative words? What are innterrogative words? Yes. What, where, when … and so on."

❹ 教師に質問する

　S : Where are you from?　T : Oh, good question! Guess where I'm from.　S : Are you …?

❺ やりとりを繰り返す（3分）

❻ 生徒が自己表現をする→Speaking 1分，Writing 2分

　"You did a great job! It's your turn. Please introduce yourself in English. Talk with your partner."

　"Please let me know about you. I'll give you 2 minutes and write as many sentences as possible about yourself in English."

❼ 活動中よかったことや改善点を紹介する。ルールが徹底できていたかの確認を行う。書いたものは仕上げて翌日提出する

English only にする Tips

● 生徒が活動時に使う表現を日頃から使わせておく

（例）挙手するとき

　"Let me try!" "Yes, me!"

　"Here, here!"

　指名されて立つとき

　"Yeah." "OK." など

活動のポイント

● 生徒が「何だろう？」と思う内容を提示し，インタラクションの中で引き出す。

● 一度考えさせたり言わせたりして書かせると表現しやすくなる。NG質問も用意しておく。

● 頭を寄せ合い活動できるように，教材の位置や机のつけ方，声の出し方，身体の向きなどもケアする。

■スライド例（Teacher's self-introduction version）

■パターン１（手順は前ページどおり）

①アニメーションで一つずつ提示　　②疑問詞の確認　　　　　　③キーワードで質問作成

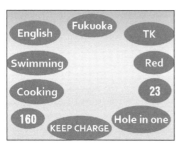 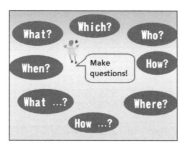 

④キーワードの確認１　　　　　　⑤キーワードの確認２　　　　⑥キーワードの確認３

  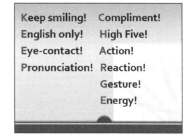

■パターン２

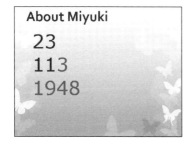

- 教師に関する数字であることは最初に提示する。
- 後の手順は前ページどおり。
- 最後の活動を数字でクイズを作成させると面白い。

■パターン３

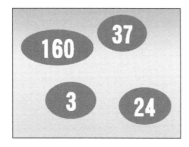

- 数字が何かを推測させるところからスタートし，後の手順は前ページどおり。
- いろいろなバリエーションをつくることができる。
- パワーポイントでアニメーション機能を活用し，生徒のワクワク感を刺激するとよい。

5 Find Odd One

挙げられたいくつかの単語を見て，違うものを探し，その理由も述べる

目　的　視点を変えて見ることで，多様なものの見方に気づかせる。他者の考えを知ることで「そうなんだ！」という気づきを促す。どうして違うと思うのかを英語で説明することで思考力と表現力をつける。

使用場面　帯活動・ウォームアップ　　**活動時間**　3分　　**技　能**　Vocabulary / Speaking / Listening
つけたい力　語彙力・表現力・思考力　　**協同の視点**　考え，気づきの中で他者を受け入れる・バズグループ

指導の手順

❶ やり方の説明をする

"Guess and decide which is the odd one out with group members and also explain the reason."

❷ 活動のルールを確認する

❸ 教師が4つの単語を言う（実態により問題数は調整）

"Find odd one out and explain why."

❹ 生徒は違うものがどれかを決め，理由を考える

❺ ペアまたはグループで考えを出し合う

"I think odd one is ... because (　　　　　)."

❻ 教師はインタラクションをしながらグループの考えを尋ねる

"Let me know your idea."

❼ 活動中よかったことや改善点を紹介する。ルールどおりにできていたかの確認を行う

"Please check good points and improvements about the activity."
"Did you keep rules?"

> **English only にする Tips**
> ● 生徒同士が活動時に必要な表現を増やす
> 　（例）"Let's think and find odd one." など
> ● 相手の考えを求める表現を増やす
> 　（例）"How about you?"
> 　　　　"What do you think?"
> 　　　　"I think ...." など

活動のポイント

● 答えがひとつではなく，意外性のある考え方や理由が出てくるものを選ぶ。
● 理由を言うことで言いたい表現を出させるようにする。
● odd one にするカテゴリーを，単語・意味・発音などとバリエーション豊かにする。
● 教師の考えと同じだと2点，理由が画期的だと4点などと得点制にしてやる気を刺激する。

■ バリエーション

● ハンドアウトに書き出し読ませて同様の活動を行い，理由を書かせると「読むこと」「書くこと」の活動にもなる。理由も最初は単語だけでよいが慣れてきたら英文で書かせる。
● 問題を作り出題し合う活動としたり，教師がワークシートを作り活動させたりする。

Handout

Which is odd one out?

Class(　　) No(　　) Name(　　　　　　　　　　　　　　　)

1. banana, cat, dog, monkey

   Your opinion

   (　　　　　　　　　　　　　　　　　　　　)

   Your reason

   (　　　　　　　　　　　　　　　　　　　　)

2. red, house, orange, blue

   Your opinion

   (　　　　　　　　　　　　　　　　　　　　)

   Your reason

   (　　　　　　　　　　　　　　　　　　　　)

3. computer, DVD player, television, basketball

   Your opinion

   (　　　　　　　　　　　　　　　　　　　　)

   Your reason

   (　　　　　　　　　　　　　　　　　　　　)

4. Japan, Tokyo, Korea, France

   Your opinion

   (　　　　　　　　　　　　　　　　　　　　)

   Your reason

   (　　　　　　　　　　　　　　　　　　　　)

5. hamburger, sandwich, cola, French fries

   Your opinion

   (　　　　　　　　　　　　　　　　　　　　)

   Your reason

   (　　　　　　　　　　　　　　　　　　　　)

6. car, plane, truck, train

   Your opinion

   (　　　　　　　　　　　　　　　　　　　　)

   Your reason

   (　　　　　　　　　　　　　　　　　　　　)

6 Hint Quiz Version 1

単語や英文のヒントから何について述べているのか考えて当てるクイズ

目 的	応答を通して英語を使う楽しさを味わい言語活動のベースを築く。小学校でも取り入れられている活動であるので，小中の接続を円滑にする。一人ではなくペアやグループで取り組むことにより共犯性を生み出し，考えを出すことへの安心感を与える。
使用場面	帯活動・メイン言語活動　　**活動時間**　3分～5分
技 能	Vocabulary / Grammar / Speaking / Listening (Reading / Writing)
つけたい力	語彙力・文法力・思考力・判断力　　**協同の視点**　共犯性・安心感・達成感

指導の手順

❶ 活動のやり方を説明する

❷ 活動のルールを確認する

"What are rules for this activity?"

❸ 教師の出すヒントを聞き分かった時点で挙手をする

"Please raise your hands when you get the answer."

❹ 何問か繰り返す

"Let's go on the next question."

❺ 活動中よかったことや改善点を紹介する。

ルールどおりにできていたかの確認を行う

"Please check good points and improvements about the activity."

"Did you keep rules?"

> **English only にする Tips**
> ●活動時に必要な表現を増やし生徒が使えるようにしておく
> （例）"Let's start 3 hint quiz. Who goes first?" "I got it." など
> ●答えやすい質問から始め，徐々に難易度を上げていく

活動のポイント

- 正解したときにポイントが入るようにするとゲーム性が増し盛り上がる。3つのヒント全てを聞かせたいが，第1ヒントで分かったら3点，2つ目が2点，3つ目が1点とするとよい。第1ヒントで正解が出てしまった場合は，"Can you tell us 2nd and 3rd hint?" と言い全部のヒントを聞かせる。
- ライティングを取り入れた活動にするならば，ヒントごとに答えを書くプリントを渡しておき，第3ヒントが済んでから "Please tell us the answer!" と言わせて答えの確認をするとよい。
- 言語材料に焦点化したい場合は，"I'm (He's) ...." "She plays ...." などを使うよう促す。
- 1年生のうちは英語で述べられたものを英語で答えることができれば満足な状態でよいかもしれないが，2年生以降は他教科で学んだことも問題にすると思考力も鍛えることができ面白くなる。

> Handout

3 Hint Quiz sample

Class(　　) No(　　) Name(　　　　　　　　　　)

Quiz 1
1. I'm big!
2. I have a long nose.
3. I live in the zoo.   A. I'm an elephant.

Quiz 2
1. I have a star on top of me.
2. I am green.
3. I have many ornaments.   A. I'm a Christmas tree.

Quiz 3
1. I was born in Japan.
2. The name means flexible.
3. The uniform is generally white or navy blue.   A. I'm judo.

Quiz 4
1. I am a thing.
2. I am colorful and can become many things.
3. You can play with me.   A. I'm folding paper.

Quiz 5
1. I am a breakfast food.
2. I go in cakes, cookies, and many other things.
3. I have a hard shell.   A. I'm an egg.

Quiz 6
1. I am a thing.
2. I am used to tell the time.
3. I am worn on your wrist.   A. I'm a watch.

Quiz 7
1. I am a thing and beautiful.
2. I am also in the baseball ground.
3. Russia, South Africa and China produce me a lot.   A. I'm a diamond.

Hint Quiz Version 2

単語や英文を用いて何について述べているのか当てるクイズ

目 的 簡単な単語や英文を使い，クイズの問題作成を通して，身近なものや事象の特性を言語化する。また，応答を通して英語を使う楽しさを味わい言語活動のベースを築く。意味のあるインタラクションを増やす。スローラーナーが自分のペースでチャレンジすることができる。

使用場面 帯活動・メイン言語活動　　**活動時間** 3分～5分
技 能 Vocabulary / Grammar / Speaking / Listening / Reading / Writing
つけたい力 語彙力・文法力・思考力・判断力・表現力　　**協同の視点** チャレンジング・他者の使用表現からの気づき

指導の手順

❶ クイズを作る（単語または英文）

"You'll make 3 hint quiz with group members."

"You can use a dictionary and make an interesting quiz."

❷ 作ったクイズを言えるように練習する（他の人に聞こえないように）

"Please practice words and sentences you make fluently."

❸ 活動のやり方を説明する

❹ 活動のルールを確認する

❺ 起立し作ったクイズをグループの中で出し合い答えを当てる

"Stand up, please. Let's give a quiz in the group."

"Please decide the order to give a quiz."

❻ グループの中で全体に出したいクイズを選び，クラスに出題する

"Choose the best one in your group."

❼ 活動中よかったことや改善点を紹介する。
　ルールが徹底できていたかの確認を行う

> **English only にする Tips**
> ● 生徒が活動時に必要な表現を増やす
> （例）"I'll go first. Can you give you a quiz? Answer it." など
> ● リアクションとして褒めことばを増やす
> （例）"Awesome!" "You did a wonderful job!" "Very close!" など

活動のポイント

● **Version 1** と同じ点に気をつけるとよい。

● 書かせると時間がかかり時間差ができる場合があるので，早く終わった生徒は言う練習をさせるとよい。または前時にやることを示しておき，書く内容をブレインストーミングさせておくと早く書き始めることができる。

●「書く」活動以外は必ず立って行う。ペアのときは必ずおへそが向き合うように Face to face で，グループのときは頭を寄せ合うようにして行う。活動が済んだら High Five をして着席する。生徒は活動に集中でき，教師は活動の進度を把握できる。

Chapter4　生徒が熱中する！英語で行う言語活動アイデア25　｜　**083**

8 Guessing Game
出題者が出すヒントから何であるかを考え当てるクイズ

目 的	既習の表現を上手に活用する。分かりやすい説明方法を模索し，英文の言い換えをし即興で伝える力をつける。
使用場面	帯活動・メイン言語活動　**活動時間**　3分〜5分
技 能	Vocabulary / Grammar / Speaking / Listening (Reading / Writing)
つけたい力	語彙力・文法力・思考力・表現力　**協同の視点**　他者の使用表現からの気づき・一体感

指導の手順

❶ 活動のやり方を説明する

❷ 活動のルールを確認する

❸ ペア・グループのうちの一人が，提示される写真・イラスト・単語を見てヒントを出し，残りの生徒は何かを当てる。答える生徒は教師に背中を向けて立つ。制限時間15秒〜20秒
"I'll show you some pictures and winners will describe it with simple words and sentences. The others will guess what it is."

❹ 交代する（グループであれば人数分出題し交代する）

❺ ペア・グループで何が出題されていたかを確認する
"Let's check the answers with group members."

❻ 言えなかった表現を個人で辞書で確認しどう表現すればよかったか全体でシェアする
"Can you check expressions you couldn't describe and write them down?"
"Shall we share the expressions you wrote in the handout? Do you want me to ask questions?"

❼ 活動中よかったことや改善点を確認する。ルールが徹底できていたかの確認を行う

English only にする Tips
- 英語で伝える材料を増やす対策として，説明するものをリストで渡しておく。スローラーナーへの支援となる。リストの語からクイズをしようする場合は，授業でどれが出題されるか分からない活動形式にする。そうすることで即興性も損なわず活動できる
- 必要な表現を生徒が使えるようにしておく
  （例） "May I ask you a question?" "Please give us more hints." など

活動のポイント

- 即興力をつけるために英語だけで当てさせたいのでジェスチャーは使わないルールにする。
- 1問ずつ交代ではなく数問ずつで交代したりポイント制にしたりするとスリリングになる。
- 出題者のヒントだけで分からないときには，答える生徒からも質問をしてよいことにすると質問力（疑問文を作る力）も高めることができる。（例 "Is it brown?" "What shape is it?"）
- 言語材料に焦点化したい場合はセットで表現を入れておく。（例 "It's something when I use ...." "It's something to ...."）

Handout

Guessing Game List

Class(　　) No(　　) Name(　　　　　　　　　　)

English	Japanese	English	Japanese	English	Japanese
animal		**fish**		**fruit**	
bear		carp		apple	
bird		dolphin		banana	
cat		goldfish		grape	
cow		jellyfish		lemon	
deer		octopus		melon	
dog		oyster		orange	
elephant		salmon		peach	
giraffe		shark		pear	
gorilla		starfish		pineapple	
hamster		whale		strawberry	
horse		**flower**		watermelon	
kangaroo		carnation		**food**	
koala		rose		beef	
lion		sunflower		bread	
monkey		tree		chicken	
mouse		**vegetable**		cocoa	
panda		carrot		coffee	
penguin		cucumber		cola	
pig		eggplant		hamburger	
rabbit		onion		juice	
tiger		potato		milk	
insect		pumpkin		noodle	
ant		tomato		pasta	
bee				pizza	
				pork	
				rice	
				salad	
				sandwich	
				tea	
				water	

Today's Teacher (Student Teacher)

生徒が先生役になり授業を進行したりスピーチをしたりする

目的 生徒を授業の主役にする。緊張感を乗り越える中で,誰かに何かを発信したり相手を意識して発話したりなどのコミュニケーションに必要な要素を身につける。
使用場面 帯活動　　**活動時間** 3分〜5分　　**技能** Vocabulary / Grammar / Speaking / Listening
つけたい力 語彙力・文法力・思考力・表現力・即興力
協同の視点 他者の使用表現からの気づき・チャレンジング・ケア

指導の手順

❶ 1回目をやる前のみやり方の説明をする
❷ Today's Teacher は前回の Teacher が選出しておく
　（一巡するまで全員が行う）
❸ 教師の合図で前に出てきて,「曜日・日付・天気・時間」などを尋ね確認する
❹ Today's Teacher が質問やスピーチをする
❺ オーディエンスは質問に答えたり,スピーチには質問・コメントをしたりする
❻ 次回の Teacher 役を選出する

> **English only にする Tips**
> ● 間違いを気にしないで英語を使わせる
> ● インタラクションに必要な表現（特にオーディエンス）を増やし,活動の中で使えるようにしていく
> 　（例）"Really?" "Why do you think so?" "I think so too." など
> ● 感想や思いを述べる表現を増やす
> 　（例）"I feel that …."
> 　　"I agree on that point." など

活動のポイント

● オーディエンスの生徒に聞きながらリアクションとつっこみを入れさせることで,「良い聴き手」としての力量を磨く。「良い聴き手」が育つことが「良い話し手」を育てることになる。
● Teacher をする生徒のスピーチの中に新しいエッセンス（言語材料・表現）が入るように工夫をさせる。オーディエンスの集中力を高め,表現から学ばせることができる。
● 初回に失敗をさせないように1回目は全員リハーサルをする。成功体験が生徒の自信となり,次への意欲づけとなる。生徒同士でリハーサルをさせてもよい。
● 仲間の頑張りを称える温かい集団づくりをしておく。授業内で行うあらゆる活動の中に,関わり合いお互いを高め支え合う仕掛けをすることで,仲間を思いやる学習集団になっていく。
● 教師の立ち位置に注意する。支援を必要としたり自信がなかったりする生徒の場合は少し離れた横位置に立つ。任せて大丈夫な生徒は教室後方に立つ。
● 1年生初めての Teacher のときは3ヒントクイズやオーディエンスへ質問を行う。その後,自己紹介や他己紹介などの Prepared speech を行う。2年生からはさらに即興性を意識して Impromptu speech にスライドさせ,取り扱う内容も深化したものにしていく。

10 Relay Writing

教師が提示したトピックや質問にグループ全員が意見や答えを書く

目的	書いたことを通して書き手と読み手の交流を図る。友達の考えを知り表現を学ぶとともに温かい関係づくりの場とする。友達の英文を読んだ後に書くことで，言語の形式的特長（文法規則）について意識的に捉えさせる。
使用場面	帯活動・メイン言語活動　　**活動時間**　5分〜10分
技能	Vocabulary / Grammar / Reading / Writing　　**つけたい力**　語彙力・文法力・思考力・判断力・表現力
協同の視点	話をつなぐことでの一体感・コラボラティブ＝ライティング

指導の手順

❶ 活動のやり方を説明し，活動のルールを確認する
❷ 教師が提示したトピックに関する意見を書く（3分）
❸ グループ内でワークシートを回し書いた英文を読みコメントを書く（2分）
❹ 次の人へ渡しましたコメントを書く（4人グループの場合は3人のコメントになる）
❺ 自分のワークシートが戻ってきたら書かれたコメントを読む
❻ 活動中よかった点や改善点を紹介し，ルールが徹底できていたかの確認を行う

English only にする Tips

●活動時に必要な表現を生徒が使えるようにしておく
　（例）"Let's exchange the worksheet." "Have you finished reading?" "Turn the handout clockwise." など
●相手に促す表現を増やす
　（例）"Next, please." "Go ahead." など

活動のポイント

●書くときは，単語だけでも英語で書くように指導するが，初めは日本語で書き徐々に英語にしていく。書き方の型を示すと話すときにも活かせる。
●生徒の実態により課題設定の選択をする。内容のバリエーションで変化をつける。
　①生徒が考えた質問に全員が答えやメッセージを書く→自分で質問を考えるので，使用頻度が少なくなりがちな疑問文を使う機会となる。②教師が提示した質問に生徒は自分の答えを書く。その答えに対しコメントを書く→意図的に使わせたい文型や言語材料に特化した質問を出せる。③教師が提示したトピックについての意見を書き，次の人がどう思うかを尋ねる。④書き出しのみ提示しオリジナルストーリーを書く。グループごとにオリジナルの話ができる。（例：Long, long ago, there lived a princess in a faraway country.）
●自分のところに戻ってきたときに読む時間を与える。仲間が書いた英文・コメントなので食い入るように読む。書いたことを通し書き手と読み手の交流を図り仲間の考えを知る。
●活動時は話の続きやコメントを書いたりするだけで，ミスを直したり指摘したりはしない。

Chapter4　生徒が熱中する！英語で行う言語活動アイデア25

Handout

Know friends through messages!

Class(　　) No(　　) Name(　　　　　　　　　　)

Opinion: A big town is a good place to live.

★ Your opinion

| |
| |
| |

★ 1st writer

| |
| |
| |

★ 2nd writer

| |
| |
| |

★ 3rd writer

| |
| |
| |

★ Things you knew from your friends' comment.

| |
| |
| |

11 2-Minute Writing

2分でできるだけたくさんの英文を書く

目　的	限られた時間の中で速く書く力をつける。書いた後に交流をすることで，次回へのモチベーションを高める。仲間の書いた英文を読みその後の気づきから自分の書いた英文を見直すことで，言語の形式的特長（文法規則）やつながりについて意識的に捉えさせる。
使用場面	常活動・メイン言語活動　**活動時間** 3分～5分　**技　能** Vocabulary / Grammar / Reading / Writing / Speaking
つけたい力	語彙力・文法力・思考力・判断力・表現力・即興性
協同の視点	他者からの気づき・コラボラティブ＝ライティング・ピアエディティング

指導の手順

❶ 活動のやり方を説明する

❷ 活動のルールを確認する
"Try to write without a dictionary." "Make mistakes!"

❸ 教師が提示したトピックについて書く（2分）

❹ グループの中でワークシートを交換し書いた英文を読む（2分）
"Exchange worksheets and share ideas with group members."
"Pass the worksheet clockwise."

❺ 自分のワークシートが戻ってきたら，加えたいことや直したいところを赤ペンで書く

❻ 活動中よかったことや改善点を紹介する。ルールが徹底できていたかの確認を行う

English only にする Tips

● 活動時に必要な表現を増やす
（例）"You wrote a lot of sentences, didn't you?" "I'm surprised you wrote a lot." "You made a great effort." "I knew you went to Kyoto." など

● 生徒が教師に質問・依頼できる表現を増やす
（例）"May I ask you a question?" "How do you spell …?" "How do you pronounce this ?" "Could you correct …?" など

活動のポイント

● 短時間で多量の英文を書かせるように導きたいので，急かしめに書かせる。生徒は追い込むと短時間にたくさん書けるようになる。内容や量にもよるが，「1分で読みコメントも書く」などの時間の目安を与えるとその時間内で取り組み処理することができるようになる。

● 仲間の書いた英文を読んだ後に温かいコメントを言わせる。

● 初めは書きやすいトピックを選ぶ。（例："Things I did yesterday", "My favorite", "A reply to a letter" など）

● 時間設定は生徒の実態と学年・内容により1分，3分などと変える。

● 自分のところに戻ってきたときに読む時間を与える。

● 短時間でもいいので，書きたかったが書けなかった表現や単語などを辞書で調べる時間をもつ。共通する問題点を抱えている場合は全体でシェアする時間をとる。

Handout

2-Minute Writing

Class(　　) No(　　) Name(　　　　　　　　　)

Write about your weekend!

(　　) 文 /2mins

No	主語（S）	助動詞	動詞（V）	説明する文

What did you do on the weekend?　How many sentences can you write about the topic?

12 Dictogloss (Listening Version)

まとまりのある英文を聴き、とったメモをもとに英文を再構築する

目的	単に聴いたことを書き取るディクテーションではなく、インプットされた英文を仲間との協同的な営みを通して自分のことばで再生することで、特に4技能を統合的に活用できる言語運用能力を高める。英文を再構築していく際に、言語・文法的知識を総動員させることで気づきを促しメタ認知力を高める。
使用場面	帯活動・教科書のPre-readingとPost-reading　　**活動時間** 10分〜25分
技能	Vocabulary / Grammar / Speaking / Listening / Reading / Writing
つけたい力	語彙力・文法力・思考力・判断力・表現力　　**協同の視点** 問題解決力・メタ認知力・ジグソー・コラボラティブ=ライティング

指導の手順

❶ やり方の説明をする
❷ 活動のルールを確認する
❸ 教師がまとまりのある英文を読む（CDで英文を流す）
❹ 生徒はメモをとりながら聴く（生徒の実態により1回〜3回）
❺ ペア・グループで聴き取った内容をもとに英文を再生する
❻ やりとりを通し、加筆・修正をしながら英文を完成させる
❼ 再構築した文章をグループ間で交流する中で互いに比較、分析する
❽ 話し合い、再度加筆・修正をすることで、自分のグループの文章をより完成に近づける
❾ 完成した英文を全体でシェア（発表かライティング）をし、素材となった英文を読む
❿ 活動中よかった点や改善点を紹介する。ルールどおりにできていたかの確認を行う

> **English only にする Tips**
> ● 活動時に必要な表現を生徒が使えるようにしておく
> （例）"What did you catch while listening?" "Let me know what sentences or words you've got." "I see." "What do you think this story about?" など
> ● 日頃から聴き取った英文を自分のことばで言い換えるようにさせておく

活動のポイント

● 協同的な活動を通し、生徒の主体的な学びを深められるように機を捉えた支援を行う。
● 既知語率が低いと内容の見当がつかず活動が成立しないため実態に応じ内容・語彙を選ぶ。
● リスニングから再構築する英文は学びのある内容のものを選択する。教科書の学習内容と絡めるとスキーマが活性化した状態で聴くことができる。
● 言語形式に焦点を当てたいときは言語運用の中で定着させたい言語材料が出る英文を選ぶ。
● 事前にトピックについてブレインストーミングしたり、グループ交流などで生徒の思考とスキーマを活性化させたりしておくとモチベーションが高まる。

Handout

Enjoy Dictogloss!

Class(　) No(　) Name(　　　　　　　　)

1. Listen carefully!
2. Take notes!
3. Reproduce sentences with group members!
4. Run and remember!
5. Discuss and complete a story!

2. Take notes!

3. Reproduce sentences with group members!

Review

1	できるだけたくさんの文を書こうとした	Very good	Good	So-so	Need to try harder
2	最後まであきらめずに取り組んだ	Very good	Good	So-so	Need to try harder
3	グループ内で協力して活動をやり切った	Very good	Good	So-so	Need to try harder
4	グループのメンバーを褒めた	Very good	Good	So-so	Need to try harder

13 4 Corners (Reading)

4箇所にある英文のパートを読み，構成と順序を考えひとつのストーリーにする

目 的	任された箇所の英文を覚え再生する（書く）ことで，言語・文法的知識を総動員させ文法的な正確さをモニターさせる。4技能を統合的に活用できる言語運用能力を高める。英文のストーリーを再構築していく際に，文と文とのつながりや段落のまとまりなどにも注目させる。また，仲間との協同的な営みの中でメタ認知力を高める。
使用場面	帯活動・教科書の Pre-reading と Post-reading　　**活動時間** 10分〜20分
技 能	Vocabulary / Grammar / Speaking / Listening / Reading / Writing
つけたい力	語彙力・文法力・思考力・判断力・英文構成力・メタ認知力　　**協同の視点** 問題解決力・ジグソー・探究

指導の手順

❶ やり方の説明と活動のルールの確認をする

❷ 4つに分けた英文を掲示し英文再生用のワークシートを配付する

❸ 生徒はグループで A, B, C, D を決め，各場所へ英文を見に行き覚えてくる。英文をワークシートに書く。何回でも見に行っていい

❹ それぞれが書いた英文を読む

"Decide your part and go to each place to remember. You'll write sentences and rearrange the sentences in right order. Complete one story with group members."

❺ 書いた内容をもとに流れを考え，やりとりを通し A 〜 D を順番に並べる

❻ 完成したストーリーをグループ間で交流し，順番を確認する

❼ 素材となった英文を読む

❽ 活動中よかった点や改善点，ルールどおりにできていたかの確認を行う

> **English only にする Tips**
> ●活動時に必要な表現を生徒が使えるようにしておく
> （例）"Let's arrange these parts in right order to make one story." "Which one is first?" など

活動のポイント

●集中して活動することができるようにするために時間制限（覚えるところ，ストーリーの流れを考えるところ）を設けるといい。

●既知語率が低いと内容の見当がつかず活動が成立しないため実態に応じ内容・語彙を選ぶ。

●読み取る英文は，平和，環境問題などの学びのある内容を選択する。教科書も活用する。

●覚えに行くのは何回行き来してもいいが，インプットするときに単語だけでなくできるだけ句，節など，長めに覚えるように努力させる。

●特定の言語材料に焦点がいくような素材を用い，その言語材料関係のメタトークを増やす。

●手順❻で，並べた順番に全グループの生徒を並べる。一緒のコーナーにいた生徒が違う順番に並んでいることがあると，再度グループで並びの理由を考える機会を与えることができる。

Handout

Enjoy 4 Corners!

Class(　) No(　) Name(　　　　　　　　　　)

1. Run and remember!
2. Take notes!
3. Discuss and complete a story!

2. Take notes!

3. Discuss and complete a story! (　　　) → (　　　) → (　　　) → (　　　)

Review

1	できるだけたくさんの文を書こうとした	Very good	Good	So-so	Need to try harder
2	最後まであきらめずに取り組んだ	Very good	Good	So-so	Need to try harder
3	グループ内で協力して活動をやり切った	Very good	Good	So-so	Need to try harder
4	グループのメンバーを褒めた	Very good	Good	So-so	Need to try harder

Notice

14 Pair Chat　ペアでトピックや質問を基軸にして英語で話をする

目的	既習表現を活用しながら英語で対話を続ける。インタラクションの中で即興で考え表現し，気づきを得ることでさらに表現を増やす。話をつなぎ協力することでよい関係づくりをしコミュニケーションを楽しむ。仲間との協同的な営みの中でメタ認知力を高める。
使用場面	帯活動・メイン言語活動・教科書の Pre-reading と Post-reading　　活動時間　3分～5分（書き起こしを入れる場合は10分）
技能	Vocabulary / Speaking / Listening / Reading / Writing
つけたい力	語彙力・思考力・判断力・即興力・メタ認知力　　協同の視点　仲間の表現からの気づき・学び合い

指導の手順

❶ やり方とルールの確認をする
❷ チャットを開始する最初の質問・トピックを伝える
❸ 指定された時間話をし続ける
❹ 振り返りでルールを徹底することができたか確認をする
❺ 言いたかったが言えなかった表現や単語を辞書で確認する

活動のポイント

- できるだけ対話につながりができるようにひとつの話題から発展させるように話す。
- 話し手の言ったことに相づちやリアクションを入れ，相手が詰まったら質問やフォローをして対話を続ける。
- 生徒の実態によりトピックと質問を決める。バリエーションを豊かにし変化をもたせることで，さまざまな場面の対話に即興で対応できる力をつける。また，トピックと質問のパターンを多くすることで難易度を上下させたり生徒自身に選択させたりすることで，どの生徒も集中して取り組む。
- 話したら必ず書き起こす。話すことで即興性，書き起こすことで正確性を高める。言いたかったが言えなかった表現を書かせたり書き加えさせたりすると表現の幅が広がる。
- 対話を再現し書き起こした原稿をクラスでシェアすることで言語形式や話の展開の仕方，表現などにも焦点を当てることができる。
- ネイティブスピーカーは4秒間があくと不愉快に感じるので，"Well …."などのフィラーを使い間があく前に何か言うようにする。（4秒ルール）

English only にする Tips

- 活動時に生徒が使える表現を増やしておく
  （例）"Let's chat." "Let me talk about …." "Uh-huh." "Could you say that one more please?" など
- 授業全体がインタラクション（対話）型になるように分からないところにはつっこませる。疑問詞を活用した質問をさせる。
  （例）"Why did you do that?" "Let me know more about it." など

Handout

Chat Script

Class( ) No( ) Name( )
Your partner's name( )

Name

Name	

次はこうしたい！

Self-evaluation in today's chat

1 Keep smiling	Very good	Good	So so	Need to improve
2 Eye-contact	Very good	Good	So so	Need to improve
3 English only	Very good	Good	So so	Need to improve
4 Pronunciation	Very good	Good	So so	Need to improve
5 Reaction	Very good	Good	So so	Need to improve
6 Fillers	Very good	Good	So so	Need to improve

15 Reporting Chat

グループでトピックや質問を基軸にして英語で話をする。話した内容をレポートしたり確認したりする

目 的	基本は Pair Chat と同じ。話した内容をグループの一人にレポートしその内容を確認するチャットを行う。聴き取る力・確認する力・質問する力・コミュニケーション力を鍛える。
使用場面	帯活動・メイン言語活動・教科書の Pre-reading と Post-reading　**活動時間**　3分〜5分（書き起こしを入れる場合は10分）
技 能	Vocabulary / Speaking / Listening / Reading / Writing
つけたい力	語彙力・思考力・判断力・即興力　**協同の視点**　仲間の表現からの気づき・スリー＝ステップ＝インタビュー

指導の手順

（❶・❷は Pair Chat と同じ）

❸ ペアの確認
　①最初にチャットをするペア（横）＝パートナー１
　②①で話した内容をレポートするペア（斜）＝パートナー２
　③レポートされたことを確認するペア（縦）＝パートナー３

❹ パートナー１と話をし続ける（２分）

❺ パートナー２にレポートをする（各30秒）

❻ パートナー３にレポートが正しいか確認する（各30秒）

❼ 言いたかったが言えなかった表現や単語を辞書で確認する

❽ 全体で表現をシェアする

❾ ルールが徹底できていたかと活動の振り返りをする

❿ よかったグループを取り上げ紹介する

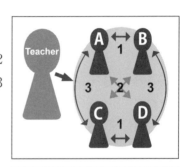

English only にする Tips
●インタラクションにより生徒を活動に引き込む

活動のポイント

●話したことを何回も相手を変えて話すことができる。パートナー１とは楽しんでチャットをできるが，パートナー２にレポートをするアウトプットがあるので内容を漏らさないように集中して聴かせる。パートナー２のときはレポートなので，"Let me tell you about things Takeshi did yesterday. He went to Tokyo …."のように主語を変えて話を頭でまとめて話をする。パートナー３ではレポートされた相手とのチャットなので，"Let me check. Did you go to Tokyo?" や "You had delicious dishes there, didn't you?" などの確認を行う。

●パートナー２と話すときは場所を移動させずにクロスのままで話をさせる。もう片方のペアも同時に話をしているので，自分の話を伝えようと声のボリュームがアップする。周りが騒々しくてもカクテルパーティ効果で必要な情報は聴き取れているものだ。

16 Prepared Speech

トピックに基づきスピーチ原稿を作成しグループで発表をする

目　的	原稿作成で文章構成力を含めたWriting力，原稿を練習して暗誦し発表することでReading・Speaking力，発表を聴くことでListening力を育てる。特に，発表時にオーディエンスを巻き込むインタラクションのあるパフォーマンスをすることで「伝える力」をつける。
使用場面	帯活動・メイン言語活動・教科書のPost-activity　　**活動時間**　10分～15分
技　能	Vocabulary / Grammar / Speaking / Listening / Reading / Writing
つけたい力	語彙力・文法力・思考力・判断力・英文構成力・即興力・パフォーマンス力
協同の視点	高め合い・緊張感を乗り越える・バズ＝グループ

指導の手順

❶ やり方の説明をする

❷ 評価シートを配付する

❸ 活動のルールを確認する

　"What are rules for this activity?"

❹ 発表者が気をつけるポイントを確認する

　"What are important for speakers?"

❺ オーディエンスが気をつけるポイントを確認する

　"What are important for the audience?"

❻ 発表者は前に出てきて準備し発表する

❼ オーディエンスはリアクションをしながら聴き，質問をふられたら答える

❽ スピーチ後，オーディエンスは発表者に英語で質問とコメントをし，発表者は答える

❾ 評価シートの記入をする（1分。帯で行う場合は数名の発表者に対し同じことを繰り返す）

❿ 最後に評価シートをグループでまとめ発表者に渡しに行く（30秒）

⓫ 発表者は授業後に自己評価を記入し教師に提出する

⓬ 活動中よかった点や改善点，ルールが徹底できていたかの確認を行う

> **English only にする Tips**
> ●活動時に生徒が必要な表現を増やす
> （例）　コメントする
> "You have a very good idea, don't you?" "I could know a lot about you from your speech." "You've improved so much." など

活動のポイント

●スピーチ中のインタラクションが活発になるようにエコーイングやリピーティング，フィラーを積極的に使わせる。「良い聴き手」を育てると「良い話し手」が育つ。

●発表前の練習やリハーサルの中で，仲間同士でパフォーマンスチェックをする場面をつくると学び合いが生まれる。交流した後に，さらに自分達のパフォーマンスの向上を目指すようになるので発音も磨きがかかり，クオリティも向上する。一緒に頑張った仲間の発表は本番も一生懸命聴く。これが授業を活性化させていく大きな活力となる。

Handout

Prepared Speech Mapping Sheet

Class(　) No(　) Name(　　　　　　　　　)

Mind Map

文章構成のときに大事なポイント

A. 言いたいことを初めに述べる（何を伝えたいのか・何を知ってもらいたいのかなど）

　結論→例・説明→再度結論

B. 書くときは聴き手や読み手が分かりやすくなるような表現を使う

　① First, Second, Last　など

　②つけ加え表現として in addition / moreover　など

　③例を挙げる表現として I'll give you some examples. / for example / such as …　など

　④まとめの表現として Therefore / So など授業で出てきた表現を使ってみよう！

17 Prepared Speech in Group

トピックに基づきスピーチ原稿を作成しグループ内で発表を行い，代表が全体の場で発表する

目的	Prepared Speech と同じであるが，初めにグループで行うことで生徒の心理的負担を軽減する。全員が出て行うスピーチよりも短時間で行い，個人の発話量を増やす。
使用場面	メイン言語活動・教科書の Post-activity　　**活動時間**　15分〜25分
技能	Vocabulary / Grammar / Speaking / Listening / Reading / Writing
つけたい力	語彙力・文法力・思考力・判断力・英文構成力・即興力・パフォーマンス力
協同の視点	原稿作成・高め合い・緊張感を乗り越える・バス＝グループ

指導の手順

❶ やり方の説明をする
❷ 評価シートを配付する
❸ 活動のルールを確認する
❹ 発表者が気をつけるポイントを確認する
❺ オーディエンスが気をつけるポイントを確認する
❻ グループ内で発表順を決め発表する
❼ 残りのメンバーはリアクションをしながら聴く
❽ スピーチ後，メンバーは発表者に英語で質問とコメントをし発表者は答える
❾ 評価シートの記入をする（1分）
❿ 同じ流れをメンバー人数分繰り返す
⓫ 最後に評価シートをまとめ発表者に渡す（10秒）
⓬ グループ代表を決める（1分）
　（以下 **Prepared Speech** の要領と同じ）

> **English only にする Tips**
> ●活動時に生徒が必要な表現を増やす
>   （例）　進行に必要な表現
>   "Shall we check the order?" "Next, your turn." "Let's go on to the next topic." "Do you have any questions?"
> ●リスト以外で必要になった表現を活動後に出させ，全体でシェアする
>   （例）　"What other new expressions do you need in the group?"

活動のポイント

●「話をしている人の方を見る」，「話し手の方に身体を傾け熱心に聴く」，「質問をする」などの聴き上手になるためのエッセンスをペアやグループのスピーチの際にたくさん使わせておく。
●時間設定をしておくとメリハリのある活動になる。「個人のスピーチが2分，質問・コメントが1分，グループスピーチの総時間が15分」のように大体の目安を伝えておくと，生徒は時間を見ながら活動をする。早く終わったグループは，「スピーチが短かった人の原稿を見て，もっと長くなるように付け加えよう」などの課題を予め与えておくといい。
●発表者が詰まったときのフォローの仕方（質問・言い換えなど）を生徒に確認しておく。

18 Project Work

テーマをグループで選び，紹介する原稿を作成し発表をする

目 的 原稿作成で文章構成力を含めたWriting力，原稿を練習して暗誦し発表することでReading・Speaking・Performance力，発表を聴くことでListening力を育てる。卒業制作であれば学校へ残す，学校紹介であれば新1年生へ見せるなど，「誰に」「何のために」行うかを明確にしておく。

使用場面 メイン言語活動・教科書のPost-activity **活動時間** 総時間数4時間～5時間
技 能 Vocabulary / Grammar / Speaking / Listening / Reading / Writing
つけたい力 語彙力・文法力・思考力・判断力・英文構成力・パフォーマンス力 **協同の視点** コラボラティブ＝ライティング・グループ＝インベスティゲイション

指導の手順

❶ 制作目的と取り組み日程の確認・グループテーマ決定・スクリプト作成
❷ スクリプト作成の続き・手直し・セリフと演技練習・必要物品準備
❸ 授業後または放課後にスクリプトを回収し，英文チェックを行う
❹ セリフと演技練習・リハーサル
❺ ルールと発表者・オーディエンスが気をつける点を確認する
❻ 発表グループは前に出てきて準備し発表する
❼ オーディエンスはリアクションをしながら聴く
❽ 評価シートに記入をする（1分。次のグループは準備をする）
❾ 最後に評価シートをグループでまとめ各グループに渡しに行く（30秒）
❿ 活動中よかった点や改善点，ルールが徹底できていたかの確認を行う

> **English onlyにするTips**
> ●活動中に生徒が必要な表現増やしておく
> （例） 役割分担のとき
> "Can you take charge of this role?" "Are you in charge of this job?"
> 目的を確認するとき
> "To improve our performance, we must …."

活動のポイント

● 発表前の練習やリハーサルの中で，仲間同士でパフォーマンスチェックをする場面をつくると学び合いが生まれる。休憩時間か放課後にリハーサルを行い本番に備える。原稿ができたらすぐに発表させずに一週間くらい間をあけると，その間に必死で練習してくるので，クオリティの高いパフォーマンスになる。
● ビデオで撮影をする（要許可）。記録として残すと同時に生徒達自身にとってフィードバックとなり，メタ認知力を高めることにつながる。他クラスの発表も見ることで刺激になる。
● テーマは生徒にアンケートをとりその中から選ぶようにする。今まで生徒が扱ったテーマは「新入生へ学校紹介」「お勧め英語学習法」「部活動紹介」「地域の紹介」「卒業メッセージ」「Miyuki's class rules」「ドラマ」「CM制作」などがある。

19 Story Retelling

教科書本文を読んだ後，ヒントになる絵やキーワードから内容を自分のことばで再現し伝える

| 目　的 | 自分のことばで語ることで生徒の自律を促し，インプットへの意識を高める。話の内容の理解度と定着度を知る。伝える相手を意識しアウトプットをする。 |

| 使用場面 | 帯活動（One Minute Monologue）・メイン言語活動・教科書のPost-activity | 活動時間 | 10分〜15分 |

| 技　能 | Vocabulary / Grammar / Speaking / Listening / Reading / Writing |

| つけたい力 | 語彙力・文法力・思考力・判断力・英文構成力・即興力 | 協同の視点 | 気づき・バズ＝グループ |

指導の手順

❶ やり方とルールの説明・確認をする
❷ 発表者とオーディエンスが気をつけるポイントを確認する
　"What are important for speakers and listeners?"
❸ リテリングする順番を決める
❹ 本文の内容をできるだけ自分のことばで言い換えオーディエンスに伝わるように伝える。オーディエンスはリアクションや繰り返しをしながら聴く
　"Retell the story using with pictures on the screen."

English only にする Tips
● 本文を暗誦できるくらい徹底的に言えるようインプットしておく
● 手順❺として発表者が言ったことをオーディエンスが主語を変え言い換えるリピーティングで確認を行う。さらに英語が飛び交い，インタラクション型授業になる

活動のポイント

● 初めはスモールステップでワークシートで練習をしたり本文のイラストを使ったりしながら，どの生徒もできるようにする。発表を伴うので，英語を発話しやすい雰囲気づくりと帯活動で毎回発表する場面を仕組み，声を出し発表することに抵抗なく取り組めるようにしておく。
● 音読でRead and look upか暗誦ができる状態にしておく。本文そのままではなくことばを変え，話者の考えを入れるようにすると，表現の幅が広がり話す内容がクリエイティブになる。
● 仲間とつながるように関わり方がワンパターンにならないように学習形態の工夫をする。形態を変えることで相手を変えて伝える中で，英語の使用頻度を高める。複数のリテリングを聴くことで，自分が言えていなかったり思いつかなかったりした表現を学ぶ。
● 本文が長い場合は初めから全文のリテリングではなくペアで半分に分けたり，ピクチャーカードやキーワードなど補助するものを使ったりなどするとよい。
● より即興性を育むために，頭の中にある内容から英語を引っ張り出すようにさせるとよい。
● カウンターで発話語数を記録で残すとやる気を刺激する。リテリングをすると家でどう言うかイメージトレーニングする生徒も出てくる。自律的学習者の一歩となる。

Handout

Story Retelling

Class(　) No(　) Name(　　　　　　　　　　)
Program(　　　　　　　)

Mind Map

Write sentences you retold about the story!

次はこうしたい！

20 Picture Describing (in pairs or groups)

提示された絵や写真を見て，制限時間内に既知の語彙と表現を総動員して英語で説明をし，説明されたことを絵にする

目　的	既習語彙と表現を使用することで定着を図ると同時に，言えない表現を言い換えることで語彙・表現を増やす。言いたいが言えない経験をさせることで，表現したいという気持ちを喚起する。また，分かりやすく伝えることで相手のことを思いやる気持ちを育む。短時間で行い個人の発話量を増やす。
使用場面	帯活動・教科書のPre-activityとPost-activity　　**活動時間**　5分～10分
技　能	Vocabulary / Grammar / Speaking / Listening / Writing
つけたい力	語彙力・文法力・思考力・判断力・即興力　　**協同の視点**　支え合い・ストラクチャード＝プロブレム＝ソルビング

指導の手順

❶ やり方を説明する

❷ 絵か写真をグループに渡すか全体に提示し，制限時間内に英語だけで説明をする。絵・写真は相手に見えないように配慮をする

❸ オーディエンスは説明をヒントにしてその内容を絵に描く

❹ 時間がきたら終了し，描いた絵ともとの絵・写真を比較する。他のグループと比較する

❺ 役割交代をし同じことをする

❻ 言えなかった表現や調べたい表現を辞書で調べ，自分が説明した文を書き起こす

❼ 活動内容とルールの徹底についての確認を行う

活動のポイント

● 言い換えや簡単な表現を使用し説明をするように意識づける。必要な語彙や表現は「言いたかったが言えなかった表現」として，語彙・表現拡充のために後で必ず調べるようにさせる。

● 英英辞書で簡単な言い換えや的確な言い回しを確認する。

● 言語材料に焦点を当てたい場合は，使用場面のある絵や写真を意図的に選ぶ。現在進行形やThere is / are …. 構文などは選びやすい。

● 教科書の本文とリンクさせると内容理解の手助けになる。

● 同様の手順でオーディエンスがイラストを描くのではなく，ことばで当てるようにすることでさらに高速処理を行いスピーキング力を鍛える活動にすることもできる。

English only にする Tips

● 活動時に必要な表現を増やしておく。特に位置関係を表す表現を増やす

（例）"Let me describe this picture. Are you ready?"
"There is a ball on the top left-hand of corner."

● 教科書本文の絵を使うと，Pre-reading 活動として既習表現を使いやすい。Post-reading にすると，学習した本文を活用し英語が出てきやすくなる。また，生徒の教科書活用を導くことができる

■使用したパワーポイントスライド

①
```
Expressions of Location
```

②
```
on the corner          on the top center          on the upper right corner
on the upper left corner

on the left          in the center          on the right

on the bottom left corner                    on the bottom right corner
on the lower left corner                     on the lower right corner
                    on the bottom center
```

③
```
Useful Expressions of
Picture Describing
```

④
①全体概要を説明:何の写真か
- Look at this picture.
- This picture is in a ....
- I guess that it was taken in (on / at) ....
- I think this picture was taken ....
- There is / are ....

②具体的内容を説明:何が見えるか・誰がいるかなど
- I can see ... on the right.
- A boy is standing in the center of the picture.
- There is a dog near the tree.

⑤
③見えるものの説明:色・形・大きさなど
- This pen is orange.
- That desk is square.
  (triangle / rectangle / round / oval / diamond / heart-shaped)
- My eraser is small.
  (big / large / huge / tiny / little / short / long)
- The chair is made of wood.
  (steel / stone / plastic / paper / cloth)
- A girl on the corner looks happy.
  (nice / cheerful / energetic / kind / neat / talkative)
- Two boys are playing soccer in the park.
  (under the table / across the river / next to the door /
   in front of the gate / at the back of the room /
   between Fukuoka and Hiroshima)

Picture Describing (in class)

絵や写真を見て，制限時間内に既知の語彙と表現を総動員して英語で説明をする

目 的	Picture description (in pairs or groups) と同じ。特に，クラス全員で取り組むことで，全員が英語で説明することができるようにする。
使用場面	帯活動・教科書の Pre-activity と Post-activity　　活動時間　5分
技 能	Vocabulary / Grammar / Speaking / Listening / Writing
つけたい力	語彙力・文法力・思考力・判断力・即興力　　協同の視点　支え合い・ストラクチャード＝プロブレム＝ソルビング

指導の手順

❶ やり方と活動のルールの説明をする
❷ 発言するときに気をつけるポイントを確認する
　"What are important rules when you describe pictures?"
　"Alright. You must use various sentence patterns and different things correctly."
❸ 全員起立して活動する。元気よく挙手し正しく言えたら座ることができる。座ってもまだ言えることがあるときは挙手し続ける。または，近くで立っている人をサポートする
❹ 時間がきたら終了し，活動の振り返りをする
❺ 辞書で言いたかったが言えなかった表現や知りたい表現を調べる

English only にする Tips

● 活動時に必要な表現を増やしておく
（例）詰まったときのサポート
"Is it …?" "Don't be in hurry." "Do you mean …?" "Is this what you mean?" "Can you help me?" "Could you give me another hint?" など

● 既習語彙・表現を活用し説明できるものを選ぶ

活動のポイント

● スピーディに行いたいので，間髪入れずに言わせ，次の人を当てる。当てるときは，はっきりと大きな声で "Let me try first!" と言っている生徒を選ぶと盛り上がる。
● 普段帯活動で行うスピーキングは流暢さを重視するので，文法的な間違いの指摘は気にしない（しても最小限にとどめる）が，この活動では正確性を重視するので怪しい言い回しはNGとする。間違いは，他の生徒にとっては大きなヒントになるので，"Chance!" の教師のことばで，言い間違えた文を他の生徒が正確に述べることができる。
　例　S1：I can see three desk in the middle of picture.
　　　T：Chance!!　Make this sentence perfect!
　　　S2：I can see three desks in the middle of the picture.
　　　T：Perfect!　Sit down, please.　Next! …
● ピンポンブーブザーや iPad のアプリを使い ○× を示すと盛り上がる。

Handout

Picture Describing

Class(　　) No(　　) Name(　　　　　　　　　　　)

No	主語（S）	助動詞	動詞（V）	説明する文

Review

次に活動をするときの個人・グループの改善点を書こう！

22 Skit　場面を意識した会話仕立てのストーリーを作り演じる

目的　既習語彙・表現を活用してストーリーを作り，実際に演じアウトプットすることで定着を図る。原稿作成により文章構成力を含めた「書く」力，練習して覚え発表するのに「読む・話す力」，発表を聴くことにより「聴く」力を育てる。また，協同で行うことで一緒に取り組み緊張を克服した達成感を味わわせる。教科書の出口活動として行う場合は即興で，トピックを与える場合はプリペアドで行う。

使用場面　教科書のPost-activity・メイン活動　　**活動(発表)時間**　10分～15分（3時間～4時間扱い）
技能　Vocabulary / Grammar / Speaking / Listening / Reading / Writing / Performance
つけたい力　語彙力・文法力・思考力・表現力　　**協同の視点**　問題解決力・関わる力・ロールプレイ・コラボラティブ＝ライティング

指導の手順

❶ やり方と頑張るポイントを説明する
❷ スキットのもとになる原稿を作成する（第一次）
❸ 演技練習をする（第二次）
❹ グループ交流をする（第三次）
❺ 発表をする（第四次）
❻ 全員教室左端で待機し自分達の番がきたら出てきて演じる。発表が済んだら右端に移動しそのまま発表を見る
❼ オーディエンスはリアクションをしながら見て，発表を称える
❽ 全員の発表が済んだら，コメント（Good pointsとImprovements）と感想を言う
❾ 活動内容とルールについてフィードバックを行う

> **English only にするTips**
> ●活動時に必要な表現，特に演じた後の感想を述べる表現を生徒が使えるようにしておく
> （例）"Good performance!" "I think ...." "I learned practicing with group members gave us confidence." など
> ●自信をもたせるために教師の前でリハーサルをさせる

活動のポイント

● 発表者とオーディエンスが頑張るポイントを10 Rulesから確認する。
● 発表前の交流会は，他ペア（グループ）から受ける刺激が多く気づきがある。自分達の課題が明らかになり活動へのモチベーションが高まる。
● 第三次と第四次の間は少しあけ時間を確保するとより質の高いパフォーマンスをする。
● 同じテーマの過去のスキット原稿や映像を見せると大きな刺激となり内容に磨きがかかる。
● 教科書の表現を「英借文」したり，辞書を積極的に活用したりさせる。関連表現を次々に見つけることが学びとなる。
● 「即興Skit」にする場合もある。テーマ・トピックを与え，自由に作り，すぐ発表する。この場合は発表後に原稿を書き，自分達の言ったセリフを確認する。

Handout

Skit Script(　　　　　　　　　　　)

　　　　Class(　) No(　) Name(　　　　　　　　)
　　　　Group members' name(　　　　　　　　　　)

Name

工夫したところ！

次はこうしたい！

Chapter4　生徒が熱中する！英語で行う言語活動アイデア25

23 Impromptu Speech (One Minute Monologue)　その場で出されたトピックについて即興で１分間話す

目　的　4技能を統合的に活用させる。発話量と流暢性に焦点を当て特に即興で「話す」力を高める。また，発話した英文を書き起こすことで質と「書く」力，聴き手の「聴く」力，書き起こした英文を読むことで「読む」力をつける。さらに，順序よく理論立てて話すことを意識させることで構成力を身につけさせる。ワードカウンターで発話語数を数え，WPM(Word Per Minute) として数値化，記録に残すことで可視化しモチベーションを高める。

使用場面　帯活動・教科書の Post-activity　　**活動(発表)時間**　4分（書き起こしを入れる場合8分）
技　能　Vocabulary / Speaking / Listening / Reading / Writing
つけたい力　語彙力・思考力・判断力・表現力・即興力　　**協同の視点**　他者を受け入れる・能動的な参加・ケア

指導の手順

❶ やり方の説明をする
❷ トピックを伝えワードカウンターに日付とトピック，目標語数を書かせる（1分）
❸ 話す順番の決定と役割（話し手と聴き手）の確認
❹ それぞれの立場で10 rules などの大事なポイントを確認する
❺ 教師の合図で一斉に開始。聴き手は発話語数を数えリアクションをしながら聴く（1分）
❻ 数（WPM）を相手に伝え内容について質問やコメントする（40秒）
❼ 役割交代（交代し同じ手順）し終了後全体に発話語数を確認する
❽ ハンドアウトに自分が言った表現と言いたかったが言えなかった表現を確認する。辞書を使う（2分）。時間内に書けなかった部分は宿題とする
❾ 活動の振り返りとルールが徹底できていたかの確認をする
❿ 翌日回収し，英文と振り返り欄のチェックをする

> **English only にする Tips**
> ●表現習得はアウトプットで行う。定型表現として使っていく
> 　（例）　活動前の表現
> 　"I'll go first!" "Come on!"
> 　話初めの表現
> 　"Let me tell you about …."
> 　"I'll tell you about …."
> 　間をつなぐフィラー
> 　"Well …." "Let me see …."
> 　など

活動のポイント

● 頭の中にあることをたくさん声に出すことで言いたいことがさらに増えるので流暢さが培われる（まずは質より量）。正確さと適切さは書き起しのときに確認するとよい。
● 話し手の発話を聴かせるために聴き手にリアクションさせたり，後で質問・コメント・レポートなどの活動をプラス1する。聴き手にも後でアウトプットがあることを踏まえさせて活動させると集中度と能動性が高まる。
● 慣れてきたら発話をシャドーイングするとより流暢さを鍛え内容理解を促すことができる。

Handout

Counter No. ( )
Class( ) No( ) Name( )

								No	Date	Topic	Goal	WPM
1	50	51	100	101	150	151	200	1	/			
2	49	52	99	102	149	152	199	2	/			
3	48	53	98	103	148	153	198	3	/			
4	47	54	97	104	147	154	197	4	/			
5	46	55	96	105	146	155	196	5	/			
6	45	56	95	106	145	156	195	6	/			
7	44	57	94	107	144	157	194	7	/			
8	43	58	93	108	143	158	193	8	/			
9	42	59	92	109	142	159	192	9	/			
10	41	60	91	110	141	160	191	10	/			
11	40	61	90	111	140	161	190	11	/			
12	39	62	89	112	139	162	189	12	/			
13	38	63	88	113	138	163	188	13	/			
14	37	64	87	114	137	164	187	14	/			
15	36	65	86	115	136	165	186	15	/			
16	35	66	85	116	135	166	185	16	/			
17	34	67	84	117	134	167	184	17	/			
18	33	68	83	118	133	168	183	18	/			
19	32	69	82	119	132	169	182	19	/			
20	31	70	81	120	131	170	181	20	/			
21	30	71	80	121	130	171	180	21	/			
22	29	72	79	122	129	172	179	22	/			
23	28	73	78	123	128	173	178	23	/			
24	27	74	77	124	127	174	177	24	/			
25	26	75	76	125	126	175	176	25	/			

EBISU Miyuki @ Hiroshima Inokuchi
(originated by NISHI Itsuhiro)

Increase the number of words in one minute!! Express ideas to the topic in English!

Handout

Notice

Class(　　) No(　　) Name(　　　　　　　　　　　)

★ Write sentences you told your partner in One Minute Monologue!

_____
_____
_____
_____
_____
_____
_____
_____
_____

Review

Speaker
1　できるだけたくさんの文を言おうとした　　Very good　　Good　　So-so　　Need to try harder
2　話を続けようとした　　　　　　　　　　　Very good　　Good　　So-so　　Need to try harder
3　話題をふくらまそうとした　　　　　　　　Very good　　Good　　So-so　　Need to try harder
4　つまったときにつなぐ表現を使った　　　　Very good　　Good　　So-so　　Need to try harder

Listener
1　リアクションをした・表現を使った　　　　Very good　　Good　　So-so　　Need to try harder
2　相手のことを褒めた　　　　　　　　　　　Very good　　Good　　So-so　　Need to try harder
3　Question time に質問をした　　　　　　　Very good　　Good　　So-so　　Need to try harder

★ Write sentences you wanted to say or you couldn't explain!
★ Write as many English expressions as possible!

Handout

How to tell your idea in One Minute Monologue

Class(　) No(　) Name(　　　　　　　　　　)

①何について話すのかを伝える

Let me tell you about (　　　　　　　　).
I'm going to tell you about (　　　　　　　　).

②第1の考え・理由

Firstly, (　　　　　　　　) because (　　　　　　　　).
It's firstly because (　　　　　　　　).

③第2の考え・理由

Secondly, (　　　　　　　　) because (　　　　　　　　).

④最後の考え・理由

Lastly, (　　　　　　　　) because (　　　　　　　　).

⑤まとめ

So (　　　　　　　　　　　　　　　　).

その他　For example, … I want to tell you …. etc

> Try to use reaction words and expressions!

Wow!	Great!	Uh-huh ….
Oh!	Sounds nice!	Er ….
Really?	Let's see ….	Let me see ….
I see.		Well ….

などなど…どんどん使おう！

24 Group Discussion　　トピックについて即興で話し合う

目　的	4技能を統合的に活用させる。発話量と流暢性に焦点を当て特に即興で「話す」力を高める。相手の考えを聴き，それについての自分の考えを即興で伝える。身近な話題から社会問題まで取り扱うことで思考を深化させ，自分のことばで伝える力をつける。
使用場面	メイン活動・教科書のPost-activity　**活動(発表)時間**　10分～15分
技　能	Vocabulary / Speaking / Listening / Reading / Writing
つけたい力	語彙力・思考力・判断力・表現力・即興力　**協同の視点**　他者の考えを受け入れる・ラウンド＝ロビン・シンク＝ペア＝シェア

指導の手順

❶ やり方の説明をする

❷ トピックを伝え，ブレインストーミングをする（1分）
"Brainstorm your ideas about the topic for one minute."

❸ 活動するときの大事なポイントを確認する

❹ 教師の合図で一斉に開始する

❺ 時間がきたらグループで話をまとめ発表し全体でシェアする
"Why don't you summarize your ideas and share in the class?"

❻ ハンドアウトに自分が言った表現と言いたかったが言えなかった表現を書き確認する。辞書を使う（2分）。時間内に書けなかった部分は宿題とする

❼ 活動の振り返りとルールが徹底できていたかの確認をする
"Did you keep rules? Review today's activity with group members."

❽ 翌日回収し，英文と振り返り欄のチェックをする

> **English only にする Tips**
> ●活動時に生徒が必要な表現を増やす
> 　（例）　確認し自分の考えを述べる
> 　"You said that …." "You mean …." "Let me check what you said." "I agree with you. However …."
> 　振り返りのとき
> 　"How was today's class?" "It was … because …."
> 　"Check reviews points in the evaluation sheet for this activity together."

活動のポイント

● 仲間が発話している内容をしっかり聴かせるために，発話した後につっこみ質問をする。

● 自分の考えを言い出す前に前の話者とのつながりを考えたことばを挟む。

● 話したくなるようなトピック（課題設定）を選ぶ。

● 気づきが大きくなるのでクラスで考えをシェアしたり振り返りをしたりする場を設ける。

● 手順❻のところを，「グループで話したことを自分のことばでまとめる」活動にしてもよい。そうすることで話したことが文字で残る。また書くことで英文の正確性が向上する。

● 同じトピックでグループのメンバーを変えて行うと，2回目の方が言える内容が増え達成感を得られる。

Handout

What is the most important thing to you?

Class(　) No(　) Name(　　　　　　　　　)

1. Brainstorm your idea about the topic.

```
┌─────────────────────────────────────────────────────────┐
│                                                         │
│                                                         │
│                                                         │
│                                                         │
│                                                         │
│                                                         │
│                                                         │
│                                                         │
│                                                         │
│                                                         │
└─────────────────────────────────────────────────────────┘
```

Review

Speaker
1　できるだけたくさんの文を言おうとした　　　　　　　　Very good　Good　So-so　Need to try harder
2　話を続けようとした　　　　　　　　　　　　　　　　　Very good　Good　So-so　Need to try harder
3　相手に伝わりやすいように話す順番を考えて言った　　　Very good　Good　So-so　Need to try harder
4　つまったときにつなぐ表現を使った　　　　　　　　　　Very good　Good　So-so　Need to try harder

Listener
1　リアクションをした・確認の表現を使った　　　　　　　Very good　Good　So-so　Need to try harder
2　話し手のことを褒めた　　　　　　　　　　　　　　　　Very good　Good　So-so　Need to try harder
3　10 Rules をふまえて活動をやり切ることができた　　　　Very good　Good　So-so　Need to try harder

2. Write down how you felt after reading Malala's speech to the UN General Assembly.

3. Write down the most important thing to you and your reason.

25 Debate (Talking Battle)

ペアでチームとなり賛成派と反対派の立場で即興で討論を行う。考えを制限時間内に伝える

目 的	4技能を統合的に活用させる。発話量と流暢性に焦点を当て特に即興で「話す」力を高める。相手の発話に対し反駁をするなど臨機応変な対応をすることができる。
使用場面	帯活動・メイン活動・教科書のPost-activity　　活動(発表)時間　10分～15分（書き起こしを入れる場合15分～20分）
技 能	Vocabulary / Speaking / Listening / Reading / Writing
つけたい力	語彙力・思考力・判断力・表現力・即興力　　協同の視点　他者の考えを受け入れる・クリティカル=ディベート

指導の手順

❶ やり方の説明をする

❷ トピックを伝え，ブレインストーミングをする（3分）

"Brainstorm your ideas about the topic for one minute. Write as many good and bad points as possible."

❸ Affirmative side か Negative side か決め作戦を練る（ペアで同じ side で攻める）

❹ 順番を決める（Affrmative 1st → Negative 1st →作戦会議→ Affrmative 2nd → Negative 2nd）

❺ 話し手と聴き手の立場で活動するときの大事なポイントを確認する

❻ 教師の合図で一斉に開始（一人が話す時間は30秒）

❼ Affirmative と Negative の代表を2名ずつ選ぶ

❽ 代表がディベートし，その他の生徒はサポートする

❾ 時間がきたら話したことをまとめ発表し全体でシェアする

❿ 自分が言った表現と言いたかったが言えなかった表現を書き出す

⓫ 活動の振り返りとルールが徹底できていたかの確認をする

⓬ 翌日回収し，英文と振り返り欄のチェックをする

> **English only にする Tips**
> ● 即興力をつける発信型・対話型活動を毎時間行い，英語を使う瞬発力・持久力を高める
> ● 活動後の振り返りで自分の現在地を把握させ次にやることに取り組む力をつける（メタ認知力）

活動のポイント

● 短時間で Good points と Bad points をたくさん出させておく。
● 発話をカウンターで数え発話語数が多い生徒を代表にしてもよい。よいモデルになる。
● 自分の考えを言い出す前に，必ず前の話者の考えを踏まえ自分の考えを言うようにする。
　2nd speakers の方が 1st より話の内容が深化し論理的な反駁ができるように意識づける。
● 同じトピックでメンバーを変えて行うと2回目の方が言える内容が増え達成感を得られる。
● 教科書や他教科で学んだ内容を取り扱ったり，チャットやモノローグで自分の考えを一度言わせるなど仲間の考えを聴く活動を前に挟んだりするとハードルが下がり取り組みやすくなる。

Handout

Talking Battle

Proposition 1 (   )
My position: Affirmative side (   ) Negative side (   )

Affirmative 1	Negative 1		Affirmative 2	Negative 2
30 sec	30 sec	1 min	30 sec	30 sec

Time for rebuttal

⇒ Judge (Quality of arguments)

◆ Analysis：トピックに対する分析がよかったか
◆ Comprehensibility：相手にとって理解しやすい表現であったか
◆ Attack：相手の意見に対して有効な質問または反駁をしたか
◆ Delivery：説得ある話し方，まとめ方，説明をしたか
◆ Consistency：攻撃を受けても話のかみ合う議論をする余裕があり，かつ自分の意見に首尾一貫性をもたせられたか

Memo

> Handout

Notice

Class(　) No(　) Name(　　　　　　　　　　)

★ Write sentences you said in Talking Battle!

_____
_____
_____
_____
_____
_____
_____
_____

Review

Speaker
1　できるだけたくさんの文を言おうとした　　Very good　Good　So-so　Need to try harder
2　理由付けをしながら話し続けようとした　　Very good　Good　So-so　Need to try harder
3　相手の言うことに反駁しようとした　　　　Very good　Good　So-so　Need to try harder
4　10 Rules を守れた　　　　　　　　　　　　Very good　Good　So-so　Need to try harder

Listener
1　双方の意見を聴き適切な作戦を立てた　　　Very good　Good　So-so　Need to try harder
2　リアクションしながら聴いた　　　　　　　Very good　Good　So-so　Need to try harder
3　チームとして協力した　　　　　　　　　　Very good　Good　So-so　Need to try harder

★ Write sentences you wanted to say or you couldn't explain!
★ Write as many English expressions as possible!

_____
_____
_____
_____
_____
_____
_____
_____

【著者紹介】

胡子　美由紀（えびす　みゆき）

福岡県北九州市出身。
広島大学学校教育学部中学校教員養成課程卒業。
広島市内の公立中学校，広島大学附属東雲中学校勤務を経て，現在広島市立井口中学校に勤務。平成16年より，広島市中学校教育研究会英語部会の評価・研修委員長，事務局長，部長を務め，現在研究委員長を務める。
谷口幸夫氏の主宰する「英語教育達人セミナー」において，全国各地で実践発表を行う。その他ELECをはじめとする多くの研究会，教育委員会主催の教員研修会，各種研修会の講師を務める。また，全国より多数の授業参観者が訪れ，授業公開を行っている。
著書に『目指せ！英語授業の達人16　生徒を動かすマネジメント満載！英語授業ルール＆活動アイデア35』（単著，明治図書），『目指せ！英語授業の達人19　成功する小中連携！生徒を英語好きにする入門期の活動55』（共著，明治図書），『アクティブ・ラーニングを位置づけた中学校英語科の授業プラン』（共著，明治図書），『英語教師は楽しい』（共著，ひつじ書房）があり，DVDに『ライブ版英語授業シリーズ　広島市立早稲田中学校 Part-4』（ジャパンライム）などがある。中学校検定教科書『SUNSHINE ENGLISH COURSE』（開隆堂）著者。

目指せ！英語授業の達人㉟
生徒をアクティブ・ラーナーにする！
英語で行う英語授業のルール＆活動アイデア

2016年11月初版第1刷刊	©著　者	胡　子　美　由　紀
2017年11月初版第4刷刊	発行者	藤　原　光　政
	発行所	明治図書出版株式会社

http://www.meijitosho.co.jp
（企画）木山麻衣子（校正）有海有理
〒114-0023　東京都北区滝野川7-46-1
振替00160-5-151318　電話03(5907)6702
ご注文窓口　電話03(5907)6668
＊検印省略　　　　組版所 共同印刷株式会社

本書の無断コピーは，著作権・出版権にふれます。ご注意ください。
教材部分は学校の授業過程での使用に限り，複製することができます。

Printed in Japan　　　　　　　ISBN978-4-18-179928-1

もれなくクーポンがもらえる！読者アンケートはこちらから →